「自己指導能力」を育てる
生徒指導
一人一人の自己実現を
支援する

【監修】
松浪健四郎
【編著】
齋藤雅英
宇部弘子
市川優一郎
若尾良徳

福村出版

まえがき

　本書を手にした皆さんの多くは教員免許の取得を目指しているであろう。生徒指導や進路指導は必修科目であるため，仕方なく学んでいる人も少なくないと思う。本書の第1章でも触れたように，大学生の生徒指導に対するイメージは，校則やルールで生徒を縛りつけ，厳しくて怖い先生が怒る，といったものであり，関心を持てなくても無理はない。

　しかし，本書のタイトルにもあるように，生徒指導は本来「自己指導能力」を育てるものであり，「児童生徒が自発的・主体的に成長や発達する過程を支える教育活動」である。児童生徒一人一人の個性の発見，よさや可能性の伸長，自己の幸福追求といった言葉がキーワードとなる。令和4年には，生徒指導についての理論・考え方や実際の指導方法等を示した「生徒指導提要」が改訂され，より積極的に児童生徒の成長を促し，自己実現を図るように，発達を支援しようという考え方が取り入れられている。また，社会で求められる資質・能力が変化する中で，進路指導やキャリア教育の重要性が高まっている。

　本書の構成として，冒頭において，学校法人日本体育大学理事長で元文部科学副大臣の松浪健四郎先生による特別講義を収録している。長きにわたり教育，教育行政に携わってきた松浪先生の講義から学ぶことは多いだろう。また，第1章から第3章では生徒指導の基本的な考え方について，第4章から第13章においては，学校において生じる様々な問題，課題の現状と指導のあり方について解説している。さらに，第14，15章では，進路指導，キャリア教育の意義や生徒指導との関連について概説している。

　近年，「ブラック校則」や「不適切指導」という言葉に表されるように，生徒指導のあり方が問われるようになっている。皆さんが，生徒指導，進路指導の本質や意義を理解し，教員になった際に児童生徒の一人一人の自己指導能力を高める指導，援助ができるようになることを期待したい。

編者の一人　若尾良徳

● 目次 ●

特別講義

生徒指導とは　―教師の姿―

松浪　健四郎

はじめに

　生まれた赤ちゃんは，泣くことによって親の行動を喚起させる。泣き声を出せ，と親が教えたのではなく，生きるための本能であると考えられる。だが，この本能だけでは成長するにつれ生きて行けず，言語や習慣を教えねばならない。乳幼児に親が大きな「愛情」を注ぎ，その影響を与える。「躾」と「愛情」のバランスが難しいが，明白なのは「教育」が必要であることだ。他の動物と違って，人間には教育が求められるという定説がある。

　私は，スポーツが好きだった。小学校1年生から町の道場で柔道を習った。男ばかりの4人兄弟，父親は全員に武道を習わせた。わが家の教育方針であった。強い身体をもつため，精神力を養うため，礼儀作法を学ぶため等々の理由で，学業よりもスポーツを優先させる父親だった。「躾」までもスポーツに委ねているかに映った。社会生活を営むうえで，「躾」は大切である。

　やがて代議士になった私は，2006（平成18）年12月22日に施行された教育基本法の衆議院での審議に参加し，1947（昭和22）年に公布された法の改正に協力した。この法は教育の憲法的な役割をもち，わが国の教育の基本となっている。「教育は，人格の完成を目指し，平和で民主的な国家及び社会の形成者として必要な資質を備えた心身ともに健康な国民の育成を期して行われなけれ

ばならない」（教育基本法第1条）のであって，学業を強制するものではない。私たちは，「教育」と言えば，まず学業を想起するが，大きな誤解であって，教育の意味を歪曲するにすぎない。

　義務教育としての小中学校に登校しない児童・生徒が昨今，増加傾向にある。学校が面白くないか，あるいは友だち関係がネックになっているのだろうか。日本の学校には，遠足，運動会，修学旅行，学芸会等があって，個性を表出させて活躍できる機会を与えていても，その枠にはまらない児童・生徒がいるのだ。私などは，学習よりも学校行事が好きで，学校は楽しい場所だったと述懐する。楽しくなければ，面白くなければ，学校は苦痛の庭でしかない。

　勉強好きでなかった私は，それでも学校好きであった。自己顕示欲を満たすに十分であり，教員に恵まれていたと思う。資格（免許）さえあれば教員になれたとしても，人間性に富むにとどまらず，卓越した指導力が求められる。いわゆる「教え上手」で，一人一人の児童・生徒の個性を理解できる先生であって欲しい。教員の力量は大切で，常に研修を重ねて工夫する努力が必要である。また，ユーモアのある明朗な先生であって欲しいものだ。

　本稿は，私の体験と私論であり，教育学上の趣旨を記述したものではない。先生にも個性がある。その個性が，児童・生徒を惹きつけるものであれば，かれらは嬉々として学校にやって来るに違いない。その個性，人間性をいかに培うか，その研究の一助となれば幸いである。

教育とは何なのか

　宗教の信者を増加させるためには，「洗脳」することだという。戦争で捕虜になった兵が，相手国の当局者から同調共鳴するように主義や思想を「洗脳」させられる。これらも教育である。ただ，学校教育の教育は，教育基本法に則って行われなければならず，「洗脳」とは異なる。「個人の尊厳を重んじ，真理と正義を希求し，公共の精神を尊び，豊かな人間性と創造性を備えた人間の育成を期するとともに，伝統を継承し，新しい文化の創造を目指す教育を推進

する」と，教育基本法の前文に書かれている。一言で表現すれば，「立派な社会性をもつ国民づくり」と言えようか。

　私たちは，「教育」と耳にすれば，学力向上のためと考えがちであるが，「学習」だけではなく，心身ともに社会生活を営むうえで必要な能力を養わなければならない。しかもその個人のもつ人間性や個性を認め，発揮できる環境を整備しておかねばならない。また，学校教育のみならず，家庭教育や社会教育も大切である。核家族化が定着する以前は，一家に三世代が住み，家風による家庭教育が行われていた。農家であれ，商家であれ，それらの手伝いをすることによって様ざまな知識をも身につけた。

　私は男四兄弟の末弟であったが，父親は座敷の八畳間で相撲を取らせたので鍛えられた。「座敷を体育場と思えばいい」という考え方の家庭で育った私は，強くもなったが常識にとらわれない人間性をも身につけた。個性を確立するうえで，家庭環境や両親等の家族の影響も見逃すことはできないと私は考える。「教育」の第一歩は家庭にあり，父母その他の保護者，家族の責任は大きい。私は，文字どおり，伸び伸びと社会通念にとらわれずに育てられたと思うが，父親の個性と考え方に染められたと述懐する。

　テレビで茶の間の人気者になっているタレントたちの共通点は，まず個性が光っていること。次に明るい表情を漂わせていること。羞恥心をもたずケロッとしていること等をあげることができる。知的人間であるかけらも表出させず，むしろ無能ぶりを自慢する。このキャラクター（性質・性格）は，万人に安心感を与え，好感をもって受け入れられる。もし，私たちも上記のキャラクターをもつことができれば，楽しい人生を手中にすることができるのだろうか。あのキャラクターを身につけるために，どれだけの苦労をしたか，辛酸をなめてきたかを知っておかねばならない。つまり，キャラクターを確立するために，教科書や手本のない「教育」を体験してきた背景を理解せねばならない。

　特異な教育は横に置くとして，立派な社会性をもつ国民づくりのためには，まず政府は義務教育を，国または地方公共団体の設置した学校（小中学校），あるいは国や地方公共団体が認めた私立学校で普通教育をすべての児童に受け

させねばならない。幅広い知識と教育を身につけさせ，豊かな情操と道徳心を培うと同時に，発育発達のために健康的な身体を養う。ところが，指導者たる教師に児童・生徒を満足させる指導力と手法，技術がないと学校嫌いの人間を作ってしまう。児童・生徒の側に問題がある場合もあるが，往々にして教師の力量不足と人間性の欠如が指摘される。経験不足にくわえ，モンスター・ペアレンツの存在も無視できない。

　私の小学校1，2年生の担任は，毎日，私たちに作文を書かせる女性の先生であった。綴り方教室そのもので，先生は赤ペンで私たち児童を褒めてくれたので，みんな作文好きになったことを想起する。先生のエネルギーの凄さにも驚くが，先生の情熱が子どもたちにも伝わった。ガリ版で印刷した作文集が手元にあるが，私たちの宝物である。小学校3，4年生時の担任は，放課後，いつもドッジボールやソフトボール，バスケットボールを私たちと一緒に楽しんでくれた。やはり若い女性教師だったが，私に「運動神経がいいからスポーツ選手になりなさい」と，すすめてくれた。これらの「動機づけ」こそが，現在の私を作ってくれたと決めつけている。小学校の先生に方向づけされた私は，いい先生に恵まれたと感謝する。子どもの素質を見抜く力を，いかに養うか。教師が常に研修を重ねねばならない必要性を実感する。そして，苦労をいとわない情熱が求められようか。「教育」とは，指導者の情熱が左右する一面もあることを認識しておかねばならない。

　子どもたちが，先生を好きになれば勉強もするようになる。学力の向上は，まずその先生を好きにさせる工夫から始めねばならない。「教育」を大上段に構えるのではなく，学習からスタートするのでもなく，面白い先生になって惹きつける方法を考慮すべきだ。先生が偉いのではなく，眼前にいる児童・生徒と同レベルの人間であることを上手に伝えることが大切である。失敗した話，叱られた話をすれば，教室が和む。教室に緊張感が走るようでは，児童・生徒はついて来ない。まちがっても成功した話や自慢話はNGである。

　「教育」とは，子どもたちを学校好きにすることから始めねばならない。どの先生も親切であるばかりか，笑顔を絶やさず仁王像や金剛力士像のような怖

い顔をもたないことだ。ただ，ルール違反をした者に対しては，きちんと諭さねばならない。「教諭」とは，教え諭す意味であることを忘れてはならない。私は，アフガニスタンの大学で３年間教えた。ペルシャ語を話せなかったが，いつもニコニコしていると，学生たちが私に言葉を教えてくれた。笑顔の大切さは万国共通，教員の基本であると痛感した。自信など不要で，笑顔を絶やさなければ，子どもたちがついてくる。やはり，「教えることは学ぶことである」。

　ときに，私たちは児童・生徒を差別したり，依怙贔屓（えこひいき）したりする。これは未熟さの典型的な行為で，許されるものではない。子どもたちは敏感ゆえ，教師を尊敬しなくなる。差別と偏見，リーダー失格の最たる行為だ。不信感を招くもので，教師失格の烙印を押されようか。教師に両親が近づいて来たりもするが，すべての児童・生徒たちを平等に扱う原則を守らねばならない。「人づくり」は，教師の正義感と人間性で貫かれていることを心にとどめておきたい。

個性を重視する

　近年，何をするにしてもマニュアルがある。インターネットで，どんな情報も容易に入手できる。私たちの人生にもマニュアルがあるかの印象を受ける。名門と表現される学校に進学すれば，いい就職先に行けると決めつけていて，そのための学習をする。マニュアルどおりの生き方が定着して久しい。学習塾や予備校は，学力を向上させてマニュアルを円滑に進行させる機関である。これらは文部科学省が統轄せず，経済産業省の監視下にあるのは，教育機関として認知されていないからだ。

　「世界で一つ」は，その一人の人間の個性である。その個性をいい方向に，いかにして伸長させるか，「教育」の醍醐味であろう。その意味で教師の役割と影響は大きく，やりがいのある職業といえる。「人づくり」という目標の前に，個性を見抜く力を養っておかねばならない。教養もなく，知識もなく，世間知らずでは，児童・生徒の人間性の評価もできず，個性や特徴を見抜けず，適性をも見逃してしまう。私は，よく「個性的」と友だちや先生方に言われた

が，私自身にはあまりその自覚はなかった。

「個性」は英語で individuality とか personality と表現するが，あまり悪い意味ではない。むしろ ability（能力，才能，手腕，力量，学力等）に近く好意的な単語であると私は捉えている。まず，この個性を評価して，さらに伸ばす方法を指導者は考えねばならない。ただ，教育基本法には「個性」なる語は出てこない。わずかに教育の目標第 2 条の二項に「個人の価値を尊重して，その能力を伸ばし，創造性を培い，自主及び自律の精神を養う……」とあるにとどまる。私の理解は，個人の価値こそが「個性」だと決めつけている。学校教育法を読むと，第 21 条の十項には，義務教育の目標として「職業についての基礎的な知識と技能，勤労を重んずる態度及び個性に応じて将来の進路を選択する能力を養うこと。」と記述されている。

しかし，学校教育法は高等学校の第六章に入ると，教育の目標の二項に「個性に応じて将来の進路を決定させ……」とあり，三項では「個性の確立に努めるとともに，社会について，広く深い理解と健全な批判力を養い……」と記述されている。それは中等教育学校でも同様の内容が書かれてある。「個性」の一つとして，児童・生徒によっては，「器」の大きい，小さいという差をも表出させる。また，個々の視点も異なる。教師は上手に傷をつけないようにコントロールして，融和を図る誘導術をも身につけておかねばならない。

スポーツの面白い点は，適材適所に選手を起用するところにある。とくに球技の団体スポーツは最たるもので，強いチームは様ざまな特徴をもつ選手を集めている。つまり，個性の異なる選手でチームを構成して，勝利というゴールを目指す。映画づくりの際も，異なる個性をもつ俳優を揃えてストーリーを展開させる。強烈にアピールできる個性を誇る選手や俳優がスターとなり，大衆を惹きつける。人々は，自分にはない個性に憧れる。

経験の豊富でない教師は，ときに想像しがたい個性をもつ児童に出くわしたとき，理解に苦しんで慌てる。将来，世に出て活躍するような人材は，小中学生時代からキラリと光る個性をもつ。慌てずに応援するように対応し，まちがってもその芽をつんではならない。クラスには，クラスをまとめてくれる

リーダー的な児童や生徒がいる。だいたい優等生ではないが人気者である。そして，個性的であったりする。学力がそれほどでなくとも，人間力のある個性，やがて社会的に活躍してくれる人材へと成長すると思われる。リーダーの素養は，そう簡単に作れるものではなく，家庭，地域等の生活環境が左右する。血統も家族構成や家風も影響を与えているかもしれぬが，大きく育てたいものである。

　子どもの集団社会は，複雑で大人の予想を裏切る。両親の言われるとおり動く子もいれば，習いごとに夢中になる子もいる。野球やサッカー，バスケットボール等の観戦に興味をもつ子もいる。私などは大相撲とプロレスの大ファンで，学習は後まわしにするため成績は良くなかった。そのかわり，その分野の博士なみの知識をもち得意になる日々だった。百人百様，それが個性であろう。その対応力こそが教師の力量だ。児童・生徒たちは，教師の一言一言や行動を記憶に深くとどめている。逆にかれらが教師の個性を見抜いていたりする。子どもたちにも，その眼のあることを知っておかねばならない。児童・生徒を侮れば，そのしっぺ返しがやってくる。

　幅広い知識があれば，一人一人の児童・生徒に多様なアドバイスをすることができる。教育基本法は，第9条で教員の身分が尊重され，適正な待遇が保証されるゆえ，絶えず研究と修養に励むように説いている。教育に興味をもち，教職に就くことは「人づくり」の最前線に立つことを意味する。私も永年教壇に立ったが，より求められたのは子どもたちへの奉仕の精神であった。教師は「聖職」と呼称されてきたが，まちがいなくそう言える職業だと私はつくづく思う。己の感性と創造力という個性をもって，教壇でパフォーマンスの発揮できる楽しさ，教師冥利につきようか。

授業の展開

　教師としての力量が測られるのは，授業の運び方であろう。授業の真髄は，私は話術にあると考える。いや，その前に教師の顔の表情が大切だ。たえず微

笑むニコニコ顔がほしい。私などは鏡の前でその練習をよくしたし，身だしなみにも注意を払った。給料日にはネクタイを買った。同じネクタイばかりだと児童・生徒は，あちこちで陰口をたたく。紳士・淑女の教師でなければ，憧れの人とはならない。ヘアースタイルも大切である。小奇麗な容姿でなければ，子どもたちの憧れの人とはならず，教師に興味を抱かなくなる。教師にとって，教壇とはステージなのである。だから，教師はスターでなければならないのである。私は，いつもそう考えて教壇に立った。

　教科書・教材が同じであろうとも，教師の力によって理解度が大きく異なる。楽しい授業，分かりやすい授業であれば，子どもたちはのめり込んでくる。話術と工夫力の差だ。話術の得意ではない教師は，参考書丸写しの板書にこだわり，つまらない授業にしてしまう。教壇に立つ教師は，喋りのプロでなければならない。私は暇を盗むようにして寄席に通った。落語家，漫才師の話術を学び，ユーモアの語りを身につけるようにした。早口で喋れば，聞き取れないうえに理解できず，面白くなくなる。ゆっくりでいい，児童・生徒たちの顔をのぞき込むようにして説明する。そして，分かったかどうかの確認をして進める。話す練習と研究，これが十分でないと子どもたちを惹きつけることができない。表現力も必要であるし，喩え話も味つけになる。よく人の話を聞くがいい。「やっぱり」「ほんとうに」を会話の中で連発する人が多い。「あのう」を繰り返す人もいるが，こんなクセは直して，美しい日本語を喋る先生であってほしい。授業の一丁目一番地であるからだ。

　授業は，往々にして教師のワンマンショーになる。理解度を確認するためにも対話型の授業をすすめる。児童・生徒に質問する。もしかすれば，笑いを誘う答えをする者もいる。そこから話が脱線するかもしれない。それらのアドリブが，楽しい授業となる。「もしかすれば，先生に当てられるかもしれない」とハラハラする子どもたち，この緊張感が答えによっては大きな笑いを巻き起こす。

　私のアドリブは，たいていは失敗談だった。世界中を飛び回った体験の中から文化の相違点を話したり，国内の地方の習慣等にも触れた。読書も旅行も喋

りの中で活用した。話を聴く側の人間は，成功話よりも失敗談を好む。子ども
たちは，教師の失敗話ほど面白いものはないうえに，教師の人間性に好感をも
つ。かれらは，その教師を好きになれば，その課目の勉強もするようになる。
さらに興味や関心を示させるには，教室内が一丸となるように苦心する必要が
あるが，それはいかにして「笑い」を誘うかの研究でもあろう。笑いは，子ど
もたちを刺激するばかりか，知的好奇心をも起こさせる。
　ジョークはいいが，駄洒落やギャグは慎むべきである。教壇は教師にとって
のステージであるが，余裕をもって立たないと話を聞かせることも，笑いを誘
うことも難しい。駄洒落は知的好奇心を起こさせず，思考をはぐらかす。人気
の高い教師は，まず，子どもたちに尊敬され，信頼されている。ユーモアや
ジョークだけでは，尊敬されずに規律や秩序をなくしてしまう。喩え話が面白
いと，子どもたちを惹きつける一助になるし，興味を助長させる。自らがス
ターなのだから，最高のパフォーマンスである授業を展開するために，積極的
に読書したり，研究する必要がある。
　上手な授業の第一歩は，声が大きくよく聞き取れること。間の取り方も大切
で，早口はいけない。ゆっくり，ゆっくり話す練習をすることだ。教室の雰囲
気がよくなるかどうかは，教師の話し方とコミュニケーションのとり方にある。
授業をワンマンショーにせず，児童・生徒の参加型，対話型が好ましい。私は，
高校で保健を教えたが，黒板に身体の内臓図等を生徒に書かせた。3人ほどの
生徒に書かせると，いつも笑いが起こった。この参加型は，教室の雰囲気を明
るくするにとどまらず，教科を興味深いものにした。どうすれば授業の効果を
高めることができるか，その工夫と研究こそがプロの役目である。
　教師によっては，「私語が多い」「いねむりする者が多い」と嘆く。話す力，
聞かせる力，理解させる力が不足しているのに気づかず，児童・生徒のせいに
してしまう。無視される授業，力量不足を反省する必要がある。話し方，教え
方にメリハリがあるかどうか，己の表情や視線に問題がないかどうか，面白く
ない，楽しくない授業であれば，ステージに立つ教師は大根役者でしかないと
いうことだ。教科書を子どもたちに読ませるのも一案である。下手な読み方で

あっても褒めてやること。まちがってもけなしてはならない。活力を産ませるためには，褒めることだ。

人気の高い教師というのは，貫禄もあればオーラも放っている。教える技術を持っている背景には，その人の人生，葛藤が投映しているだろうし，話題が豊富で引き出しを多く持っていたりする。そして何よりも明るく活気を感じさせる。こんな魅力的な教師であれば，いい授業を展開させることができようか。

教師の理想像

小中の義務教育を終え，高校，大学と進学したが，記憶に残る先生方が数人いる。高校の保健体育の先生に憧れて，「己もあの先生のようになりたい」と考えて，私はその方向に進んだ。児童・生徒が憧れるような教師になれば，教育者として大きな影響力を持つようになる。教師の使命は，たんに授業を教えるだけではなく，児童・生徒の人格形成にも尽力せねばならない。さらに人生そのものを導く可能性をはらむ。私の場合，まさに紆余曲折があったとはいえ，高校の恩師の影響を強く受けて人生を歩んできた。教師になったからには，児童・生徒の心に刻印できるような，影響を与えることができるような存在感のある教師にならねばならない。それが教師の生き甲斐であり，仕事の醍醐味である。

児童・生徒にとって大切なことは，自主独立の精神をもつことだ。それを教師がいかにして涵養させるか，学習だけでは困難である。教師の感性や創造力を，児童・生徒たちの心に気づかないうちに溶け込ませる必要がある。曖昧な態度で接することなく，温かく親切で，かつ「情」が求められる。児童・生徒たちは，理屈だけでは動かず，教師の意気込みや態度に左右される。私は読書好きだが，中でも偉人伝を多く読み，その話を授業中に折り込んだりもした。また，外国生活が豊富だったので習慣や文化，伝統の相違点を語った。新鮮な話題は，児童・生徒を惹き込み，好奇心を煽る。教科書の中味だけでは，かれらの心を揺さぶることができないのだ。

　「読む」「話す」「書く」等の行為は連動している。読書をすれば，話す内容が多岐にわたる。文章を書くにしても話題が豊富であれば，容易にペンを走らせることができる。教師たる者は，「読む」「話す」「書く」プロである認識を持たねば，向上しにくいにくわえ，子どもたちを導くことはできない。教科書に味つけする工夫は，「読む」「話す」「書く」という日頃の訓練がモノを言う。ホームランバッターは，いつでも，どこでも素振りする習慣を身につけているのだ。私は，車内では，いつも目をつぶって「話す」練習をする。

　すでに身だしなみや顔の表情については記述した。忘れてならないのは，「品性」である。芸能人の舞台衣装のような服装は感心しない。トレーニング・ウェアで教壇に立つのも失格，身だしなみとそのセンスは，児童・生徒の感性にも影響を与える。服装のコーディネートを研究し，それほど金をかけずにセンスで勝負すべし。時にジーパンで登校する教員がいたりする。家庭での日常とプロたる教師の線引きのできない混同する人格は，同僚からも信頼を得ることができない。私がレスリングの日本代表選手となり，海外遠征に出る際，紺色のブレザーと紺色とえんじ色のネクタイでチームは統一していた。以来，私はこの二色のネクタイ好きとなった。故海部俊樹元内閣総理大臣は，常に水玉模様のネクタイを着用された。教師は衣装に凝る必要はないが，清潔感を漂わせ，品性を感じさせねばならない。

　私は，毎週２回，トレーニングセンターでバーベルを上げている。分厚い胸を維持するためだ。腹筋運動も十分にする。男性は中年を迎えると，おなかが出てくる。この部分肥満と闘わねば，児童・生徒たちに陰口をたたかれる。肥満は食べ過ぎ，運動不足であり，だらしない人間性を表出するものだ。己を己でコントロールできない者は，教師として教壇に立ってはいけない。肥満症は立派な病気，教師たる者はウェイトコントロールをして体形に気をつかわねばならない。

　身だしなみも個性の一部分だが，いつ外部からお客さんが来ても，面会に耐え得る服装でないと，信頼されないであろう。教師にとって，服装は戦闘服であり，本番の舞台に立つ衣装である。質素で上品，書くのはやさしいけれど，

教師の服装は大切であることを知っておかねばならない。と同時に，美しい肉体，つまり健康美を保持していないと児童・生徒に活力を与えることができない。貧弱な身体では，「たよりない」印象を与えてしまう。身体を鍛え，筋肉をまとう教師であってほしい。身体観の重要性を理解し，健康の維持・増進に注意を払わねばならない。病弱で欠席の多い教師では，悲しいかな，だれからも信頼されなくなる。

　心の病で長期間，学校を離れる教師の数も少なくない。教師という職業に性格が合っていなかったのかもしれないが，学校内でも様ざまな問題が生じる。パワハラ，セクハラ等の他に信じがたい差別を受けたりもする。自信をなくし精神のバランスを崩し，職場を離れる。繊細な神経を持っていると，諸問題に対応できず孤立感を深める。同僚の仲間が数人いて，相談に乗ってくれたり，協力してくれればともかく，自分一人で悩んでしまう。プライドが高くて上司にも相談もできず，症状を訴える。教師の男女を問わず，この精神を病む者が多いという。根底に自信があったのにもかかわらず，授業の実践がはかどらずに自信を喪失してしまうと，適応障害を招来させる。人間の精神，心は想像以上に脆弱であり，他人事ではなくすべての人に共通する。とりわけ心に余裕のない人，趣味をもたない人，勉強一筋で教職についた人等は，一度，心が折れてしまうと教壇に立てなくなってしまう。多くの友人をもち，交際を密にしておれば，孤立しないし，助言を得ることができる。

　そもそも，子ども好きでない人は，教師にならない方がいい。子ども好きで，教え好きでなければ，いい先生になれないだろうし，複雑な問題に直面しても解決させる執念に乏しい。眼前の児童・生徒たちは，百人百様で己とは異なる。指導するにしても百種類の方法があろうから，地道に教える教師でなければ，勉強嫌いの子どもを作ってしまう。穏やかな人間性をもち，あらゆる面で魅力的な人材こそが教師に向いている。

まとめ

　教師は，ただの労働者ではない。やがて国家を支えてくれる「人材づくり」のために，情熱を発揮する人であろう。何よりも知的な仕事であると同時に，日々の研鑽を積まねばならない仕事だ。「教えることは，学ぶことである」からして，教師としての力量を増すためには歳月がかかる。私は，言葉によって人材が作られると考えるので，児童・生徒たちにかける言葉に気をつかう。夢を語ることも忘れない。言葉一つで，子どもたちは変化する。

　語彙の少ない教師は，国語力の欠如である。参考書だけではなく，様ざまな本を読むこと。新聞も毎朝読み，社会の動静も識る必要がある。語彙力を高め，話すことの好きな教師になれば，子どもたちの理解力も高まる。常に心に響く言葉を準備して，子どもたちを励ましていただきたい。たとえば，「キミの夢は必ず実現する」と，幾度も言えば，その子どもは本気になって努力するにちがいない。教師の言葉は，あたかも魔法のごとく威力とエネルギーを発揮させる。論理的でないかもしれないが，教師の言葉は重いものである。

　一番やっかいなことは，子どもたち一人一人を理解することであろうか。異なる価値観や文化的な背景をもつうえに，家庭環境も一様ではないのだ。インターネットを用いて情報を集め，対比させつつ思考したとしても答えを導くのは困難だ。じっくり，その子との対話を楽しみながら聞き出せば，いくらかは理解できようか。同じ目線で対話する技術も磨いておきたいものだ。面倒くさがってはならない仕事でもある。

　子どもたちは，意外にも多くのことで悩んでいたりする。昨今の事件は，家庭問題，友人問題，そして進路問題等の関係で起こっている。どこかで，そのシグナルをキャッチする仕事も大きい。教師は，いろいろな形で子どもたちの中に入って，かれらの情報を入手するのも仕事であり，悩みを持つ子どもを救うこともできる。授業だけが仕事と考える教師が多いが，全人的教育者であらねば尊敬されず，子どもたちの心をつかむことができない。

子どもたちは，まだまだ半人前であるが，一人の人間として接する必要がある。己の経験を真摯に語り，己をさらけ出さねば，子どもたちはついてこない。さらに，社会の様態や職業の種類等も理解しやすいように，やさしく教えると，子どもたちは眼を輝かせる。それだけに教師には幅の広い知識が求められる。いつも児童・生徒に「どうすれば夢をもたせることができるか」の研究が必須である。

　私は，生まれ変わったとしても教育者になりたいと思う。崇高な仕事であるだけに，社会で最も重視される職業だと考えるからだ。もちろん，適性もあろうが，経験上，面白い仕事でもあるからだ。教え子たちと連絡を取り合い，今では助けてもらう立場に立っているが，成長した教え子たちが立派になり眩しい。教え子たちが，私の存在を忘れず，いつも懐かしがってくれるのは，教師冥利につきる。

　ただ，教師という職業は，毎日が勉強であることを忘れてはならない。嫌な仕事もあれば，心で泣いて笑顔で対応する。忍耐力も求められようが，ベテランになれば，経験を積めば，天職だと気づくようになる。今，私はその境地に至りたいと願っている。

第 **1** 章

生徒指導の基礎

　皆さんは生徒指導というとどのようなことをイメージするだろうか。あるいは，これまでに中学校や高校で生徒指導を受けてきてどのような印象を持っているだろうか。表1-1 は，大学生における生徒指導のイメージの上位5項目を示したものである（東平　2019）。生徒指導のイメージとして多く挙げられたのは「間違いを正す」や「ルールを教える」であり，「怖い」や「怒る」がそれに続いている。別の調査では，生徒指導のイメージに関する頻出語として，「厳しい」や「校則」といったものが多くみられている（清水・大迫　2022）。このように，多くの人は，生徒指導という言葉から，怖い教師が生徒を厳しく指導したり，間違いを正したり，ルールを教えたりするといったことをイメージしているのである。

　しかし，生徒指導とは，児童生徒を校則やルールで縛りつけたり，厳しい指導をして従わせるというものではない。私たちは，これまでの学校教育で受けた指導から，生徒指導について誤ったあるいは偏ったイメージを持ってしまっているのである。本章では，学校教育における生徒指導の基礎について，生徒指導とは本来どのようなものであるか，意義や目的，方法，留意点などについて概説する。

表1-1 「生徒指導」に対するイメージ

カテゴリ	割合
間違いを正す	40%
ルールを教える	30%
怖い	20%
怒る	17%
自律を促す	13%

（東平　2019 より作成，複数回答）

第1節　生徒指導とは何か

1　生徒指導の定義

　教育基本法において，「教育は，人格の完成を目指し，平和で民主的な国家及び社会の形成者として必要な資質を備えた心身ともに健康な国民の育成を期して行われなければならない。」（教育基本法第1条）とされている。この目的を実現するための教育の目標として「個人の価値を尊重して，その能力を伸ばし，創造性を培い，自主及び自律の精神を養うとともに，職業及び生活との関連を重視し，勤労を重んずる態度を養うこと。」（同法第2条2）と示されている。このように，教育は，人格の完成を目的とするものであり，そのためには，個人の価値を尊重することや，自主および自律の精神などを養うことなどが目標とされている。

　これを受けて，学習指導要領において，生徒指導について次のように述べられている（中学校学習指導要領（平成29年告示），高等学校学習指導要領（平成30年告示），小学校学習指導要領（平成29年告示）第1章総則「第4　生徒（児童）の発達の支援」の「1　生徒（児童）の発達を支える指導の充実」(2)）。

　　「生徒（児童）が，自己の存在感を実感しながら，よりよい人間関係を形成し，有意義で充実した学校生活を送る中で，現在及び将来における自己実現を図っていくことができるよう，生徒（児童）理解を深め，学習指導と関連付けながら，生徒指導の充実を図ること。」

　また，生徒指導提要（2022（令和4）年改訂版）において，生徒指導の定義は次のようになされている。

　　「生徒指導とは，児童生徒が，社会の中で自分らしく生きることができる存在へと，自発的・主体的に成長や発達する過程を支える教育活動のこと

である。なお，生徒指導上の課題に対応するために，必要に応じて指導や援助を行う。」

　すなわち，生徒指導は，児童生徒が学校生活を有意義に送ることができ，より良く発達していくことを目指すために行われる指導や援助のことであり，単なる児童生徒の問題行動への対応にとどまるものではない。また，「個人の価値を尊重」「（児童生徒の）自主及び自律の精神等を養う」とあるように，児童生徒を校則やルールに従わせることではなく，一人一人の自己実現を目指した指導を行うものなのである。

2　生徒指導の目的

　生徒指導の目的は次のように示されている（生徒指導提要［改訂版］）

　　「生徒指導は，児童生徒一人一人の個性の発見とよさや可能性の伸長と社
　　会的資質・能力の発達を支えると同時に，自己の幸福追求と社会に受け入
　　れられる自己実現を支える。」

　本章の冒頭で述べたように，生徒指導は子どもを型にはめたり，校則やルールに従わせることではない。令和の日本型学校教育においては，「一人一人の児童生徒が，自分のよさや可能性を認識するとともに，あらゆる他者を価値のある存在として尊重し，多様な人々と協働しながら様々な社会的変化を乗り越え，豊かな人生を切り拓き，持続可能な社会の創り手となることができるよう，その資質・能力を育成すること」（中央教育審議会　2021）とされている。生徒指導は，児童生徒一人一人が，深い自己理解に基づき，他者との協働のなかで，自らの行動を決断し，実行する力である「自己指導能力」を獲得していくことを目指すものである。

3 生徒指導提要

生徒指導についての理論・考え方や実際の指導方法等については，生徒指導提要に詳細に示されている。また，生徒指導の定義や目的についても述べられている。第Ⅰ部で「生徒指導の基本的な進め方」について扱われており，「生徒指導の基礎」「生徒指導と教育課程」「チーム学校による生徒指導体制」について解説されている。生徒指導の基礎は，生徒指導の定義や構造，方法，基盤等の内容を含み，本章で扱っている。生徒指導と教育課程は，生徒指導と教科の指導，道徳，総合的な学習，特別活動との関連についてなどを含み，本書の第2章で扱っている。また，チーム学校による生徒指導体制は，専門性に基づくチーム体制の構築や学校のマネジメント機能の強化などのチームとしての学校についてなどを含み，本書の第3章で扱われている。第Ⅱ部では，「個別の課題に対する生徒指導」について扱われており，「いじめ」「暴力行為」「少年非行（喫煙，飲酒，薬物乱用を含む）」「児童虐待」「自殺」「中途退学」「不登校」「インターネット・携帯電話に関わる問題」「性に関する課題」「多様な背景を持つ児童生徒への生徒指導」について述べられている。これらの内容については，本書の第4章から第13章で扱っている。

生徒指導提要は，平成22年に作成されて，令和4年に改訂がなされている。それ以前は，文部省が刊行した『生徒指導資料』や『生徒指導の手引（改訂版）』（1981（昭和56）年）等が活用されてきた。生徒指導提要の令和4年の改訂においては，「積極的な生徒指導」の充実，いじめや不登校，児童虐待等の個別の重要課題を取り巻く関連法規等の変化，2017（平成29）年（小学校，中学校）および2018（平成30）年（高等学校）に告示された新学習指導要領の考え方，チーム学校の考え方（中教審答申「チームとしての学校の在り方と今後の改善方策について」（平成27年12月））などが反映されている。

4 積極的な生徒指導

生徒指導提要の令和4年の改訂において示された積極的な生徒指導の充実とは，問題が起こってから対応するといった問題解決的な思想でなく，問題を未

然に防ぐとともに，児童生徒の成長を促し，自己実現を図るように，発達を積極的に支援するという考え方である。課題のある児童生徒だけでなく，全ての児童生徒が，自己の存在感を実感しながら，よりよい人間関係を形成し，有意義で充実した学校生活を送る中で，現在および将来における自己実現を図っていけるように支援，指導することである。後述の先行的・常態的生徒指導で示されているように，すべての児童生徒が自発的・主体的に自らを発達させる過程を学校や教職員が支えていくものである。

第2節　生徒指導の分類

1　時間軸と対象による分類

　生徒指導は，いつ指導を行うのか（時間軸），どのような児童生徒を対象とするか（対象）で分類されている（図1-1）。時間軸による分類は，課題が生じる前に児童生徒の発達を積極的に支援する常態的・先行的（プロアクティブ）な生徒指導と，課題が生じた後あるいはそれが予期される時に行う即応的・継続的（リアクティブ）な生徒指導の2軸に分類される。対象による分類は，全ての児童生徒の発達を支える発達支持的生徒指導，全ての児童生徒を対象とし

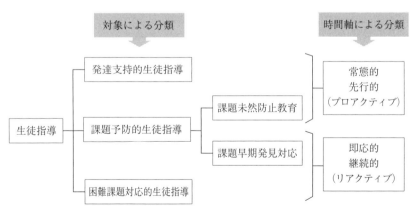

図1-1　生徒指導の時間軸と対象による分類
（生徒指導提要［改訂版］より筆者が作成）

た課題の未然防止教育と，課題の前兆行動が見られる一部の児童生徒を対象とした課題の早期発見と対応を行う課題予防的生徒指導，深刻な問題を抱えている特定の児童生徒を対象とした困難課題対応的生徒指導の3類に分類される。

2　生徒指導の4層構造

さらに，時間軸と対象による分類に，課題性の高さを組合わせて，発達支持的生徒指導，課題予防的生徒指導：課題未然防止教育，課題予防的生徒指導：課題早期発見対応，困難課題対応的生徒指導の4層の構造で分類される（図1-2）。このような4層構造は重層的支援構造と呼ばれ，下層は全ての児童生徒を対象として課題が生じるのに先行して日常的に行う指導であり，上層は課題を持っている特定の児童生徒を対象として課題への対応として行う指導である。

（1）発達支持的生徒指導

発達支持的生徒指導は，問題が生じた際に対処するのではなく，児童生徒が自己指導能力を獲得していけるように働きかけていく指導であり，最も積極的な生徒指導であるといえる。全ての児童生徒を対象として，日々の教育活動の中でコミュニケーションを取りながら，児童生徒が自らのよさや可能性に気づき，それを伸ばしていけるよう働きかけることが重要となる。登校時の朝の挨拶や何気ない声かけなど，日常的に意図的に児童生徒とコミュニケーションを取っていくことが重要となる。また，授業中には，正しい姿勢で机に向かって学習することを指導したり，友人関係について考える機会や将来の生き方について思いを巡らす機会を作るなど，児童生徒の成長発達を促す働きかけが行われる。

（2）課題予防的生徒指導

課題予防的生徒指導には，課題未然防止教育と課題早期発見対応がある。課題未然防止教育は，全ての児童生徒を対象に，課題の未然防止のために行う指導であり，積極的で先行的な指導である。その多くは教育プログラムとして，

年間指導計画に位置づけられて実践されるものである。例えば，いじめ防止教育や，自殺予防教育，生活習慣の乱れを予防するために早寝早起き朝ごはんについて教育を行うことなどが挙げられる。

　課題早期発見対応は，気になる児童生徒を対象に，問題の早期の段階で対応して，深刻な問題に発展しないよう行う指導である。服装の乱れ，成績の急落，遅刻や欠席の増加，友人関係の変化，忘れ物の増加など，児童生徒の発するサインを読み取り，いじめや不登校，自殺，非行などの重大な課題に発展したり，深刻な問題を生じる前に迅速に対応することが重要である。

（3）困難課題対応的生徒指導

　困難課題対応的生徒指導は，いじめや不登校，暴力行為，少年非行，児童虐待など，困難な課題を抱える児童生徒を対象に行う指導である。困難課題対応的生徒指導においては，学校内の教職員や関係機関との連携・協働をしながら課題対応することが必要である。

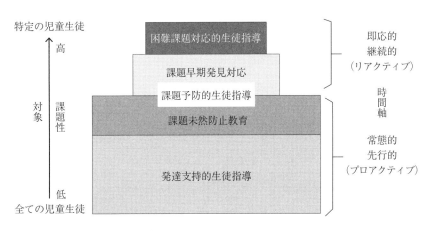

図1-2　生徒指導の重層的支援構造
（生徒指導提要［改訂版］より）

第3節　生徒指導の方法

1　児童生徒理解

　生徒指導を行うにあたっては，児童生徒を理解することがスタートとなる。児童生徒一人一人の発達やその課題，資質・能力や興味・関心などを客観的かつ総合的に理解することが適切な指導，支援に繋がるからである。児童生徒の理解にあたっては，集団としてではなく，一人一人の心理や人間関係を理解しようとする姿勢が重要である。児童生徒を理解する視点として，(1)（児童生徒の）何を見るのかを意識する，(2)（教師から）一人一人の児童生徒に寄り添う，(3)（児童生徒が）相談しやすい雰囲気を（教師が）作る，という3つの視点が有効である（国立教育政策研究所 生徒指導研究センター　2012）。

　(1) 児童生徒の何を見るのかについては，児童生徒の学習や生活の状況，友人関係のあり方など日々の姿や，日常の関わりや観察から得られる情報に基づいて広い視野で理解していくことが重要である。その際に児童生徒の家庭環境，生育歴，能力・適性，興味・関心等の背景情報，生活実態調査やアンケート調査等の客観的データに加えて，メディアなどから得られる現代の青少年の実態に関する情報など，様々な情報を用いながら，総合的に理解することが大切である。

　また，(2)（教師から）一人一人の児童生徒に寄り添うことで，児童生徒との信頼関係を築き，児童生徒が教職員に心を開いてくれることが大切である。とりわけ現代社会では，スマートフォンやインターネットの普及により，児童生徒の姿が見えにくくなっている。日々の挨拶や声かけ，コミュニケーションを通して，児童生徒との信頼関係を築き，(3)（児童生徒が）相談しやすい雰囲気を（教師が）作っていくことが大切である。

2　集団指導と個別指導

　生徒指導には，集団指導と個別指導がある。集団に支えられて個が育ち，個

の成長が集団を発展させる相互作用により，児童生徒が社会で自立するために必要な力を身につけることができるという指導原理がある。どちらか一方に偏ることなく，集団指導と個別指導をバランスよく行っていくことが大切である。

(1)　集団指導

　集団指導を通して，児童生徒は集団の規律やルールを守り，お互いに協力しながら，各自の責任を果たすことで，社会の一員としての自覚と責任が育成される。また，集団のなかで互いに尊重し，よさを認め合い，共に生きていこうとする他者との協調性が育成される。さらに，集団の共通の目的を設定し，役割分担をしながら問題を解決していくなかで，集団の目標達成に貢献する態度が育成されるのである。

　集団の指導においては，集団作りの基盤として，表1-2の9つを意識した集団作りが必要である。

表1-2　集団作りの基盤

①安心して生活できる
②個性を発揮できる
③自己決定の機会を持てる
④集団に貢献できる役割を持てる
⑤達成感・成就感を持つことができる
⑥集団での存在感を実感できる
⑦他の児童生徒と好ましい人間関係を築ける
⑧自己肯定感・自己有用感を培うことができる
⑨自己実現の喜びを味わうことができる

　また，集団作りには，「絆づくり」と「居場所づくり」を意識する必要がある。「絆づくり」とは，主体的に取り組む共同的な活動を通して，児童生徒自らが「絆」を感じ取り，紡いでいくこと，「居場所づくり」とは，児童生徒が安心できる，自己存在感や充実感を感じられる場所を作り出すことを指す（国立教育政策研究所　生徒指導・進路指導研究センター　2015）。絆を感じ取り，安

心できる居場所があることで，児童生徒が安心して自らの個性を発揮し，よさ
や可能性を伸ばしていくことが可能になるのである。

(2) 個別指導

　個別指導には，集団から離れて個別の児童生徒を指導する方法と，集団指導
の中で個に配慮しながら指導する方法がある。現在，学校における暴力行為の
発生件数，いじめの認知件数，不登校児童生徒数が増加しており（文部科学省
「令和3年度児童生徒の問題行動・不登校等生徒指導上の諸課題に関する調査結果」），
生徒指導上の課題を抱える児童生徒への対応がいっそう求められるようになっ
ている。また，子どもの貧困の増加（厚生労働省「2019年　国民生活基礎調査」），
外国籍の子どもや帰国子女など日本語指導が必要な児童生徒の増加（文部科学
省「日本語指導が必要な児童生徒の受入状況等に関する調査（令和3年度）」の
結果（速報）について），通級による指導を受けている児童生徒数の増加（文部
科学省「令和2〜3年度 特別支援教育に関する調査結果」）など，子どもの背景や
特性が多様化している。「個別の教育的ニーズを把握し，様々な課題を乗り越
え，一人一人の可能性を伸ばしていくことが課題」となっており（中央教育審
議会　2021），誰一人取り残さない生徒指導が求められているのである。

(3) ガイダンスとカウンセリング

　指導の具体的な方法として，ガイダンスとカウンセリングがある。ガイダン
スとは，「主に集団の場面で必要な指導や援助を行う」ものであり，「学習活動
など学校生活への適応，好ましい人間関係の形成，学業や進路等における選択，
自己の生き方などに関わって，児童生徒がよりよく適応し，主体的な選択やよ
りよい自己決定ができるよう，適切な情報提供や案内・説明，活動体験，各種
の援助・相談活動などを学校として進めていくもの」である（小学校・中学
校・高等学校学習指導要領解説第1章総則第4節1 (1)）。例えば，入学時，
新学期開始時期において，好ましい人間関係が生まれるように配慮することや，
新たな学習や各種の学習活動の開始時期などにおいて，児童生徒が意欲的，主

体的に活動に取り組めるように配慮すること，進路選択において，自己理解を深めて，積極的，主体的に将来の生き方を考えて，自己実現を図ろうとする態度を育てるように配慮することなどが挙げられる。

　カウンセリングとは「一人一人が抱える課題に個別に対応した指導」のことであり，「児童生徒一人一人の教育上の問題等について，本人又はその保護者などにその望ましい在り方についての助言を通して，子供たちの持つ悩みや困難の解決を援助し，生徒の発達に即して，好ましい人間関係を育て，生活によりよく適応させ，人格の成長への援助を図る」ことである（小学校・中学校・高等学校学習指導要領解説第1章総則第4節1 (1)）。カウンセリングにあたっては，児童生徒一人一人の実態や課題を把握し，スクールカウンセラーや関係機関などと連携しながら対応することが必要である。

（4）　チーム支援による組織的対応

　生徒指導においては，担任や担当の教師が一人で課題を抱え込んだり，指導を行うものではなく，教職員同士の連携・協働をしながら，組織的な対応を行っていく必要がある。さらに，課題によっては，校外の関係機関，専門機関等と連携することも必要である。

　中央教育審議会において「チームとしての学校の在り方と今後の改善方策について（答申）」（2015（平成27）年12月）が示され，「校長のリーダーシップの下，学校のマネジメントを強化し，組織として教育活動に取り組む体制を創り上げるとともに，必要な指導体制を整備すること」の必要性，および「学校や教員が心理や福祉等の専門家（専門スタッフ）や専門機関と連携・分担する体制を整備し，学校の機能を強化していくこと」の重要性が提起されている（図1-3）。

　校内での連携・協働においては，生徒指導主事，進路指導主事，学年主任，教育相談コーディネーター，特別支援教育コーディネーター，養護教諭やスクールカウンセラー，スクールソーシャルワーカー，不登校担当教員などによる支援チームで対応することが必要である。

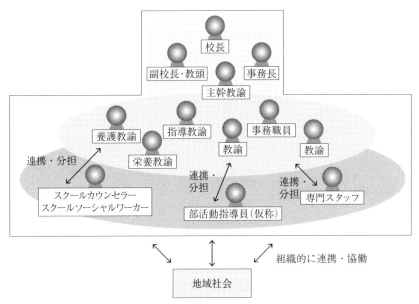

図1-3 チームとしての学校のイメージ
（文部科学省　2015）

第4節　生徒指導におけるICTの活用

　2019（令和元）年に始まったGIGAスクール構想により，学校現場において
ICTの活用が急速に進んでいる。生徒指導においてICTは様々な方法で活用
することができる。

　まず，データを集約することで，一人一人の児童生徒について多面的で，客
観的な分析，検討をすることができる。学校には，校務系データ（出欠情報，
健康診断情報，保健室利用情報，テスト結果，成績情報等），学習系データ（学習
記録データ，児童生徒アンケートデータ等）といった多様なデータがある。これ
らのデータを一括で管理し，活用することで，一人一人の児童生徒の理解が促
進される。また，生徒指導に関する資料や教材をデジタル化することで，利用
がしやすくなる。現在，様々な教科書や教材がデジタル化されているが，生徒

指導提要についても，令和4年改訂版からデジタルテキストが作成されている。

　次に，学校に登校できない児童生徒に対する指導にICTを活用することができる。文部科学省による「魅力ある学校づくり検討チーム」報告書（2020［令和2］年9月）においては，不登校児童生徒への支援の充実を図るため，オンラインによる授業の配信やICT教材の提供，学習成果の評価などの学校・教育委員会における取組について普及を図ることが提言されている。不登校や病気療養中の児童生徒など，学校に登校できない児童生徒に対して，ICTを活用することで，学習指導だけでなく，生徒指導や支援を行い，教育機会の確保に努める必要がある。

　また，ICTは，教職員の間で校務の情報共有や，関係機関との連携・協働に活用することができる。ICTで集約された児童生徒の情報は，教職員間で共有し活用することもできる。さらに，ICTは関係機関とのコミュニケーション，情報共有においても有効である。

第5節　学校段階間の接続と生徒指導

　児童生徒の理解を深めて，適切な生徒指導を行うためには，前の学校段階において一人一人の児童生徒がどのような姿だったのか，どのような学びをしてきたのかを把握することは重要である。そして，児童生徒が次の学校段階で自己を発揮することができるように，繋いでいくことが求められる。

1　小学校と幼児教育との接続

　小学校教育においては，幼稚園，保育所，認定こども園と小学校との連携・接続が求められる。教職員の交流や情報交換等を通して，一人一人の児童についての理解を深めることが大切である。その際に，小学校教員が，幼児期の終わりまでに育ってほしい姿を理解しておくことで，幼稚園教諭，保育士，保育教諭等との円滑な情報共有ができる。幼児期の終わりまでに育ってほしい姿とは，幼稚園，保育所，認定こども園修了時の具体的な姿であり，幼稚園教諭，

表1-3　幼児期の終わりまでに育ってほしい姿（10の姿）

①健康な心と体

②自立心

③協同性

④道徳性・規範意識の芽生え

⑤社会生活との関わり

⑥思考力の芽生え

⑦自然との関わり・生命尊重

⑧数量や図形，標識や文字などへの関心・感覚

⑨言葉による伝え合い

⑩豊かな感性と表現

保育士，保育教諭等が指導を行う際に考慮するものである（幼稚園教育要領，保育所保育指針，幼保連携型認定こども園教育・保育要領）（表1-3）。

　幼児教育を通して，小学校入学前の段階でこれらの姿が見られるようになってきていることを踏まえながら，児童の指導を行っていくことが必要である。

　幼児教育の目標は到達目標ではなく方向目標であるため，育みたい資質・能力や幼児期の終わりまでに育ってほしい姿は，望ましいと考えられる姿の一つにすぎない。幼児教育においては，幼児期の終わりまでに育ってほしい姿を全員に身につけさせるような教育が行われていないため，子どもの個人差が大きい。したがって，円滑な接続のための情報共有を十分に行っていくことが大切である。

　さらに，幼児教育の学びから小学校の学びへの円滑な移行ができるように，スタートカリキュラムも重要となる。幼児教育は遊びを通した総合的な学びであるのに対して，小学校では各教科における自覚的な学びである。幼児教育で育まれた資質・能力を踏まえながら，指導を行っていくことが重要である。

2　小学校，中学校，高等学校の接続

　小学校学習指導要領においては中学校教育およびその後の教育との円滑な接続について，中学校学習指導要領においては小学校教育の学習の成果との円滑な接続，および高等学校教育およびその後の教育との円滑な接続について，それぞれ記されているように，小学校，中学校，高等学校の学校段階間の接続が重要である。小中学校の義務教育9年間を見通した指導を行うことや，中学校教育を通して身につけるべき資質・能力を明確化し，その育成を高等学校教育

等のその後の学びに円滑に接続させていくことが大切である。表 1-4 に，同一中学校区内の小学校と中学校の間の連携を深めるための工夫の例を示しておく。

表 1-4　同一中学校区内の小学校と中学校の間の連携を深めるための工夫

・学校運営協議会や地域学校協働本部等の各種会議の合同開催を通じて，各学校で育成を目指す資質・能力や教育目標，それらに基づく教育課程編成の基本方針などを，学校，保護者，地域間で共有して改善を図ること。

・校長・副校長・教頭の管理職の間で，各学校で育成を目指す資質・能力や教育目標，それらに基づく教育課程編成の基本方針などを共有し，改善を図ること。

・教職員の合同研修会を開催し，地域で育成を目指す資質・能力を検討しながら，各教科等や各学年の指導の在り方を考えるなど，指導の改善を図ること。

・同一中学校区内での保護者間の連携・交流を深め，取組の成果を共有していくこと。

（小学校，中学校学習指導要領解説より）

▶文献

厚生労働省　2020　2019 年　国民生活基礎調査　https://www.mhlw.go.jp/toukei/saikin/hw/k-tyosa/k-tyosa19/index.html

国立教育政策研究所 生徒指導研究センター　2012　小学校の初任者教員これだけは押さえよう！──生徒指導 はじめの一歩　https://www.nier.go.jp/shido/shonin_sb.pdf

国立教育政策研究所 生徒指導研究センター　2012　中学校の初任者教員これだけは押さえよう！──生徒指導 はじめの一歩　https://www.nier.go.jp/shido/shonin_tb.pdf

国立教育政策研究所　生徒指導・進路指導研究センター　2015　生徒指導リーフ Leaf.2 「絆づくり」と「居場所づくり」（第 2 版）　https://www.nier.go.jp/shido/leaf/leaf02.pdf

清水貴裕・大迫章史　2022　［研究ノート］教職志望学生の教育課程における生徒指導に対するイメージとその変化　東北学院大学教養学部論集, *189*, 117-130.

中央教育審議会　2021　「令和の日本型学校教育」の構築を目指して～全ての子供たちの可能性を引き出す，個別最適な学びと，協働的な学びの実現～（答申）

中央教育審議会　2015　「チームとしての学校の在り方と今後の改善方策について（答申）」（平成 27 年12 月中教審）

東平彩亜　2019　教育実習による「生徒指導」に対するイメージの変化　愛知工業大学研究報告, *54*, 71-76.

文部科学省　2020　「魅力ある学校づくり検討チーム」報告　https://www.mext.go.jp/content/20200908-mxt_kouhou02-000009823_03.pdf

文部科学省　2022　令和 3 年度児童生徒の問題行動・不登校等生徒指導上の諸課題に関する調査結果　https://www.mext.go.jp/content/20221021-mxt_jidou02-100002753_1.pdf

文部科学省　2022　「日本語指導が必要な児童生徒の受入状況等に関する調査（令和 3 年度）」の結果（速報）について　https://www.mext.go.jp/b_menu/houdou/31/09/1421569_00003.htm

文部科学省　2022　令和 2 ～ 3 年度 特別支援教育に関する調査結果　https://www.mext.go.jp/content/20220905-mxt_tokubetu01-000023938-9.pdf

第2章

生徒指導を意識した教育課程

第1節　学習指導要領と生徒指導の機能

1　児童・生徒の発達を支える

　学校が編成する教育課程は「学校教育の目的や目標を達成するために，教育の内容を児童生徒の心身の発達に応じ，授業時数との関連において総合的に組織した各学校の教育計画」であり，各教科等の年間指導計画も教育課程の編成の一環として作成される。また，教育課程に係る諸計画に基づき実施される教育活動は教育課程内の活動と呼ばれ，こうした活動の多くは「授業」という形で行われる（表2-1）ため，学習指導の場というイメージが強く，生徒指導の機能を十分に生かされ展開されているとは言いがたい状況にある。

　学習指導の目的を達成するうえで，また生徒指導上の諸課題を生まないためにも，教育課程における生徒指導の働きかけは欠かせない。したがって，教育課程の編成や実施にあたっては，学習指導と生徒指導を分けて考えるのではなく，両者を相互に関連づけながら，どうすれば充実を図ることができるのか，学校の教育目標を実現できるのかを探ることが重要となる。中学校学習指導要領を例にとってみると，総則の「第3節　教育課程の実施と学習評価」，「第4節　生徒の発達の支援」の「1　生徒の発達を支える指導の充実」の「(1) 学級経営，生徒の発達の支援」が大切となる。

表2-1　学習指導要領（小・中・高）に示されている教科等（学校教育法施行規則）

【小学校】国語　社会　算数　理科　生活　音楽　図画工作　体育　家庭 　　　　　特別な教科道徳　外国語活動　総合的な学習の時間　特別活動 【中学校】国語　社会　数学　理科　音楽　美術　保健体育　技術・家庭 　　　　　外国語　特別な教科道徳　総合的な学習の時間　特別活動 【高等学校】各学科に共通する各教科 　　　　　　国語　地理歴史　公民　数学　理科　保健体育　芸術　外国語　家庭 　　　　　　情報及び理数 　　　　　　専門学科において開設される各教科 　　　　　　農業　工業　商業　水産　家庭　看護　情報　福祉　理数　体育　音楽 　　　　　美術及び英語 　　　　　　これらの教科並びに総合的な探究の時間及び特別活動

(1) 確かな生徒理解

　学校は，児童生徒にとって伸び伸びと過ごせる楽しい場でなければならない。児童生徒一人一人は興味や関心などが異なることを前提に，自分の特徴に気付き，よいところを伸ばし，自己肯定感をもちながら，日々の学校生活を送ることができるようにすることが重要である。

　学級は，児童生徒にとって学習や学校生活の基盤であり，学級担任やホームルーム担任の営みの主要である。学級担任やホームルーム担任の教師は，学校・学年経営を踏まえて，調和のとれた学級の目標を設定し，指導の方向および内容を学級経営案として整えるなど，学級経営の全体的な構想をたてるようにする必要がある。

　学級経営を行ううえで最も重要なことは学級の児童生徒一人一人の実態を正確に把握すること，すなわち確かな生徒理解である。学級担任やホームルーム担任の，日頃のきめ細かい観察を基本に，面接などの適切な方法を用いて，一人一人の児童生徒を客観的かつ総合的に認識することが児童生徒理解の第一歩である。日頃から，児童生徒の気持ちを理解しようとする学級担任やホームルーム担任の教師の姿勢は，児童生徒との信頼関係を築くうえで極めて重要であり，愛情を持って接していくことが大切となる。

(2) ガイダンスとカウンセリングの機能を生かす

　全ての児童生徒が学校や学級の生活によりよく適応し，豊かな人間関係の中

> （1）学習や生活の基盤として，教師と生徒との信頼関係および生徒相互のよりよい人間関係を育てるため，日頃から学級経営の充実を図ること。また，主に集団の場面で必要な指導や援助を行うガイダンスと，個々の生徒の多様な実態を踏まえ，一人一人が抱える課題に個別に対応した指導を行うカウンセリングの双方により，生徒の発達を支援すること。

で有意義な生活を築くことができるようにし，児童生徒一人一人の興味や関心，発達や学習の課題等を踏まえ，児童生徒の発達を支え，その資質・能力を高めていくことが求められている。

このため，児童生徒の発達の特性や教育活動の特性を踏まえて，あらかじめ適切な時期や機会を設定し，主に集団の場面で必要な指導や援助を行うガイダンスと，個々の児童生徒が抱える課題を受け止めながら，その解決に向けて，主に個別の会話・面談や言葉かけを通して指導や援助を行うカウンセリングの双方により，児童生徒の発達を支援することが不可欠となる（表2-2）。

ガイダンス機能の充実を図ることは，全ての児童生徒が学校や学級の生活によりよく適応し，豊かな人間関係の中で有意義な生活を築くようにするとともに，選択や決定，主体的な活動に関して適切な指導・援助を与えることによって，現在および将来の生き方を考え行動する態度や能力を育てるうえで，極めて重要な意味を持つ。

「学校生活への適応や人間関係の形成，進路の選択などについては，主に集団の場面で必要な指導や援助を行うガイダンスと，個々の児童生徒の多様な実態を踏まえ，一人一人が抱える課題に個別に対応した指導を行うカウンセリング（教育相談を含む）の双方の趣旨を踏まえて指導を行うこと。」（生徒指導提要［改訂版］）は，教育課程でその機能を生かすなど，学校の教育活動全体を通じてガイダンスとカウンセリングの機能を充実させていくことが大切となる。

2　生徒指導の実践上の視点

これからの児童生徒は，少子高齢化での社会形成，災害や感染症等の不測の社会的危機との遭遇，高度情報化社会での知識の刷新やICT活用能力の修得，外国の人々を含めた他者との共生と協働等，予測困難な変化や急速に進行する

多様化に対応していかなければならない。

　児童生徒の自己指導能力の獲得を支える生徒指導では，多様な教育活動を通して，児童生徒が主体的に挑戦してみることや多様な他者と協働して創意工夫することの重要性を実践することが大切である。以下に，その際に留意する生徒指導の働きかけの3つの機能を示す。

(1) 児童生徒に自己決定の場を与える

　自己存在感を感受するには，授業場面で自らの意見を述べる，観察・実験・調べ学習等を通じて自己の仮説を検証してレポートをする等，自ら考え，選択し，決定する，あるいは発表する，制作する等の体験が何より重要である。児童生徒の自己決定の場を広げていくために，学習指導要領が示す「主体的・対話的で深い学び」の実現に向けた授業改善を進めていくことが大切となる。

(2) 自己存在感を与える

　児童生徒の教育活動の大半は，集団一斉型か小集団型であり，集団に個が埋没してしまう場合がある。そのため，学校生活のあらゆる場面で，「自分も一人の人間として大切にされている。」という自己存在感を児童生徒が実感する機会が大切である。また，ありのままの自分を肯定的に捉える自己肯定感や，他者のために役立った，認められたという自己有用感を育むことが非常に大切になる。

(3) 共感的な人間関係を基盤とする

　学級・ホームルーム経営の焦点は，どのようにして教職員と児童生徒，児童生徒同士の選択できない出会いから始まる生活集団を，認め合い・励まし合い・支え合える学習集団に変えていくかということである。失敗を恐れない，間違いやできないことを笑わない，むしろ，なぜそう思ったのか，どうすればできるようになるのかを皆で考える支持的で創造的な学級・ホームルームづくりが生徒指導の土台となる。そのためには，自他の個性を尊重し，相手の立場

に立って考え，行動できる相互扶助的で共感的な人間関係をいかに早期に創り上げるかが求められる。

第2節　教育課程における生徒指導の在り方

1　教育課程における生徒指導

　学校で学んだことが，明日そして将来につながるよう，児童生徒の学びが進化する新しい時代にふさわしい学習指導要領が小学校は2020年，中学校では2021年より全面実施となり，高等学校でも2022年入学生より年次進行となった。主は地域と連携・協働し，「よりよい学校教育を通じてよりよい社会を創る」という目標を学校と社会とが共有する「社会に開かれた教育課程」の実現である。

　近年，生産年齢人口の減少，グローバル化の進展，絶え間ない技術革新等により，社会構造や雇用環境は大きく，また急速に変化しており，予測が困難な時代を迎えた。

　このような時代にあって，学校教育には児童生徒が様々な情報を見極め，知識の概念的な理解を実現し，情報を再構築するなどして新たな価値につなげていくこと，複雑な状況変化の中で目的を再構築することができる教育課程の編成，カリキュラムマネジメントが求められている。

　教育課程とは，学校教育の目的や目標を達成するために，教育の内容を児童生徒の心身の発達に応じ，授業時数との関連において総合的に組織した各学校の教育計画であり学習指導といえ，その目的を達成するうえで，また，生徒指導上の諸課題を生まないためにも，教育課程における生徒指導の働きかけは欠かせない。

2　教科における生徒指導

　教科は，教育課程を構成する基本的な要素であり，その大部分を占めている。教科指導と生徒指導と相互の関連を重視することは，生徒指導の充実はもとよ

り，生徒の自己指導能力の向上などを通した教科指導の充実を図るうえでも重要であり，生徒指導との関連を十分に踏まえ展開することが大切となる。

　教科に設定されたそれぞれの目標や内容は，学校教育全体の目標を踏まえたものとなっており，各教科の目標の中には生徒指導の目標と重なり合うものがある。日々当たり前に行われる教科等の教育活動が，「児童生徒一人一人の個性の発見とよさや可能性の伸長と社会的資質・能力の発達」や「自己の幸福追求と社会に受け入れられる自己実現」を支えることの実現であり，また，何気なく行っている工夫や配慮が，「児童生徒に一方的に教え込んだり，指示命令して従わせたりする指導」よりも，「自発的・主体的に自らを発達する過程を尊重し，支える」という生徒指導の実践であることを認識することである。そのような明確な認識のもとに教科指導を進めていくことが「生徒指導を意識した教科の指導」なのである。

（1）学習の基礎となる学級・ホームルームの土台づくり

　教育課程における活動は，学級・ホームルームという生活集団・学習集団・生徒指導の実践集団の土台を中心に実践される。学級・ホームルームは児童生徒にとって学校生活の基盤であり，大きな影響を与える。そのため，教員は個々の児童生徒が，自己と学級の他の成員との個々の関係や自己と学級集団において相互のよりよい人間関係を築けるよう個別指導や集団指導を工夫していく必要がある。

　出会いから始まる生活集団を，共に認め・励まし合い・支え合える集団となるよう，児童生徒理解においては，心理面，学習面，社会面，健康面，進路面，家庭面や細かい観察力など総合的に理解しておくことや，集団指導を通して個を育成し，個の成長が集団を発展させるという相互作用による指導の原理が重要となる。

（2）教科指導と生徒指導
1）児童生徒に自己決定の場を与える

より質の高い授業にしていくためには，児童生徒を学習に対して自ら目標や課題をもち，自ら考え，自ら判断し，自ら行動し，自己決定を繰り返しながら課題解決に向かわせる必要がある。一方的に課題を与えるのではなく，辛抱強く見守ることが求められる。しかし，辛抱強く見守るということは，何も指導しないということではない。児童生徒の学習への取組が個に応じたものとなるよう，適時に援助の言葉を与えることである。

　教師の頻繁な口出しや手出しは自己決定の場を奪ってしまい，かえって児童生徒の学習意欲を損ねてしまうことになる。誰にも中断されず，誰にも干渉されないで，自分なりのペースで自ら課題を乗り越えていくことは，特に小学校高学年，中学校の児童生徒にとって大きな喜びである。

2）自己存在感を与える

　自ら設定した課題を解決できたことほど，児童生徒にとってうれしいことはない。例えば，算数や数学の時間に難解な問題を解き切ったとき，音楽の時間にリコーダーで曲を吹き切ったとき，体育や保健体育の時間に自己の記録を伸ばせたときなどに，児童生徒は自己の力や可能性を実感することができる。そして友だちの賞賛を受けると，いっそう自身の可能性に自信をもつようになる。この自信が自己存在感を生み出し，自分の居場所をつくることにつながっていく。そして，明日の生活への意欲が生まれてくる。

　その際，課題解決への取り組みの過程で適切な助言を発しながら，辛抱強く寄り添い見守っていく教師の姿勢が生徒指導には求められる。活動過程における努力を励ます言葉，遣り遂げたときの賞賛の言葉などが，児童生徒の学級における居場所づくりを助けることとなる。「あの先生の一言が自分を変え，その後の人生をずっと支えてくれた」というような教師の関わりが生徒指導では大切になる。

3）共感的な人間関係を基盤とする

　共感的な人間関係は，児童生徒と教師，そして児童生徒同士に求められる。

例えば，授業中に児童生徒がよそ見をしていたとき，それを一方的に叱るのではなく，「なぜ集中できないのだろう，自分の授業の展開が面白くないのかな」と，自身の授業の在り方を児童生徒のよそ見と関連づけて振り返ることが求められる。よそ見の原因を児童生徒にだけでなく，その矢印を教師自身に向けていくことが，一緒に努力し弱さを克服しようとする姿を児童生徒に見せることにつながる。このとき，児童生徒と教師の間に共感的な人間関係が生まれ，一緒に弱さを克服していこうとする姿勢が生まれてくる。

　授業において，皆のペースについていけない児童生徒が存在する。その際，グループをつくって互いに教え合う協働的学びを展開していくような方法が考えられる。自分とは異なる友だちへの発想や考えに刺激を受け，また，皆から励ましを受けることで学習への意欲を呼び戻すこともできる。仲間のおかげでできたとか，仲間の役にたてたとかの感覚が日常生活にも生きてくる。

第3節　道徳教育と生徒指導

1　道徳教育のねらい・内容と生徒指導

（1）道徳教育のねらい

　人が一生を通じて追求すべき人格形成の根幹に関わり，同時に民主的な国家・社会の持続的発展を根底で支えるものが道徳教育である。児童生徒が他者とともによりよく生きる人格形成の基盤となる道徳性を養うため，道徳的諸価値についての理解を基に，自己を見つめ，物事を広い視野から多面的・多角的に考え，人間としての生き方についての考えを深めることをねらいとする。さらに，道徳的な判断力，心情，実践意欲と態度を育てていく。

　道徳教育が道徳性の育成を直接的なねらいとしている点を除けば，道徳教育と生徒指導はいずれも児童生徒の人格のよりよい発達を目指すものであり，学校の教育活動全体を通して行うという点で共通し相互補完の関係にある。

（2）道徳教育の内容

「特別な教科　道徳」を要として教育活動全体を通じて行われる道徳教育は，「A　主として自分自身に関すること」「B　主として人との関わりに関すること」「C　主として集団や社会との関わりに関すること」「D　主として生命や自然，崇高なものとの関わりに関すること」の4つの視点の内容項目により構成されている。

　また，いじめの問題への対応の充実や，発達の段階をよりいっそう踏まえた体系的なものとする観点から内容が改善され，問題解決的な学習を取り入れるなどの指導方法の工夫を図り，児童生徒が現実の困難な問題を主体的に対処することができる実効性ある力を育成することが求められている。

2　道徳教育における生徒指導

（1）児童生徒に自己決定の場を与える

　児童生徒が多様な価値としっかり向き合い，多様な感じ方や考え方に接する中で，考えを深め，判断し，表現することが求められている。その際，様々な価値観について多面的・多角的な視点から振り返り，さらに新しい見方や考え方を生み出していくことが重要である。そのためには，自己決定の場を十分に与える生徒指導の機能が生きてくる。

（2）自己存在感を与える

　道徳科においては，児童生徒が自ら道徳性を養う中で，自らを振り返って成長を実感したり，これからの課題や目標を見つけたりすることができるようにすることが大切となる。自分の考えをもとに討議したり書いたりする活動を支援する中で，自己存在感を実感させる生徒指導が行われていく。

（3）共感的な人間関係を基盤とする

　児童生徒が，多様な見方や考え方に接しながら，さらに新しい見方や考え方をのびのびと皆の前で発表できるためには，学級の中の共感的な人間関係が基盤にならなければならない。またそれを支える教師の存在が重要である。児童

生徒が，人間としての弱さを認めながら，それを乗り越えてよりよく生きようとする姿勢は，教師と児童生徒がともにある共感から生まれる。

第 4 節　「総合的な学習（探究）の時間」と生徒指導

1 「総合的な学習（探究）の時間」のねらい・内容と生徒指導

(1)「総合的な学習（探究）の時間」のねらい

　この学びは，学校が地域や児童生徒の実態等に応じ，探究的な見方・考え方を働かせ，教科等の枠を超えた横断的・総合的な学習の取り組みおよび探究的な学習や協働的な学習を通して，よりよく課題を解決し，自己の生き方を考えていくための資質・能力を育成することにある。そのためには，教科等の特質に応じた物事を捉える視点や考え方が繰り返し活用されることが考えられる。

　具体的には，実社会や実生活の中から問いを見出し，自分で課題を立て，自分で情報を集め，整理・分析し，身につけてきた「知識及び技能」を活用し，自分自身の意見や考えをまとめそれを表現できるようにすることである。さらには，探究的な学習に主体的・協働的に取り組むとともに，互いのよさを生かしながら，積極的に社会に参画しようとする態度を育成することをねらいとしている。

(2)「総合的な学習（探究）の時間」の内容

　「総合的な学習（探究）の時間」においては，教科等の枠を超えた横断的・総合的な学習，探究的な学習となるよう充実を図ることが重要である。具体的には，例えば「国際理解」「情報」「環境」「福祉」「健康」などの現代的な課題に対応する横断的・総合的課題，地域や学校の特色に応じた課題，児童生徒の興味・関心に基づく課題，職業や自己の将来に関する課題などが考えられる。これらは，一人一人の児童生徒の人格を尊重し，個性の伸長を図り社会的資質や行動力を高めることを目指す生徒指導がなされて初めて生じてくる課題でもある。

2 「総合的な学習（探究）の時間」における生徒指導

（1）児童生徒に自己決定の場を与える

　教育課程の中で，児童生徒自身の意思で学習内容を決定できるのは，この「総合的な学習（探究）の時間」と「特別活動」だけである。ということは，この2つの領域の指導では，自己決定を促す場としての生徒指導の役割が生かされる機会が多いということである。課題選択，課題追求，課題のまとめ表現，この各段階において，児童生徒に迷いや停滞が生じる。このときこそ，自己決定が大事と児童生徒を突き放すのではなく，個に寄り添った適切な援助が生徒指導に求められる。

（2）自己存在感を与える

　「総合的な学習（探究）の時間」において自己の生き方を考えることは，人や社会，自然との関わりにおいて自らの生活や行動について考えることにほかならない。また，自分にとって学ぶことの意味や価値を考えていくことは，現在と未来をこれからの自己の生き方につなげていくことになる。自己の存在をじっくりと確かめていくことが，生徒指導の役割と重なるところである。

（3）共感的な人間関係を基盤とする

　探究的な学習の過程においては，他者と協働して課題を解決しようとする学習活動が望まれる。グループ学習や異年齢集団によるなど多様な学習形態が期待されるが，その際，基盤となるのは児童生徒間の共感的な人間関係である。地域の人々の協力と全教職員が一丸となって指導に当たることが求められる。生徒指導の役割を共通理解していく必要がある。

第 5 節　「特別活動」と生徒指導

1　「特別活動」のねらい・内容と生徒指導

(1)「特別活動」のねらい

　表2-3は特別活動の全体目標を示したものである。この学びは，集団や社会の形成者としての見方・考え方を働かせ，様々な集団活動に自主的，実践的に取り組み，互いのよさや可能性を発揮しながら集団や自己の生活上の課題を解決する学習の過程で，資質・能力の重要な要素である3つの視点,「人間関係形成」「社会参画」「自己実現」を育むことを目指している。児童生徒の実践的な活動を通すことから，「なすことによって学ぶ」を方法原理とすることが大切である。

表2-3　特別活動の全体目標

集団や社会の形成者としての見方・考え方を働かせ，様々な集団活動に自主的，実践的に取り組み，互いのよさや可能性を発揮しながら集団や自己の生活上の課題を解決することを通して，次のとおり資質・能力を育成することを目指す。
  (1) 多様な他者と協働する様々な集団活動の意義や活動を行う上で必要となることについて理解し，行動の仕方を身に付けるようにする。
  (2) 集団や自己の生活，人間関係の課題を見いだし，解決するために話し合い，合意形成を図ったり，意思決定したりすることができるようにする。
  (3) 自主的，実践的な集団活動を通して身に付けたことを生かして，集団や社会における生活及び人間関係をよりよく形成するとともに，自己（中学校は,「人間として」）の生き方について（高等学校は,「人間としての在り方生き方について」）の考えを深め，自己実現を図ろうとする態度を養う。

生徒指導提要より（文部科学省　2022)

　特別活動の特色に応じた「集団や社会の形成者としての見方・考え方」を働かせ，各教科等の見方・考え方を総合的に働かせながら3つの視点に結び付けることで，特別活動の中だけでなく大人になって生活していくにあたっても重要な働きとなる。

(2)「特別活動」の内容

特別活動の特質に応じて構成された活動には，生徒の主体的な活動場面をできるだけ多く取り入れ，合意形成のための話し合い活動の場・機会と時間の確保などを工夫した自発的，自治的な活動と，教師の意図的・計画的な指導のもと，生徒の自主的，実践的な活動がある。

これらの活動は，学級を単位とするものと，学級を離れて学年や学校全体を単位とするものがある（表2-4）。どちらの活動も児童生徒が主体的に考えて実践できるように指導することが大切である。活動の目標や意義は内容によって異なるが，全教職員の共通理解のもと組織的，計画的に行うことである。

表2-4　学校別特別活動

【小学校】	学級活動 児童会活動 クラブ活動 学校行事：儀式的行事，文化的行事，健康安全・体育的行事，遠足・集団宿泊的 　　　　　行事，勤労生産・奉仕的行事
【中学校】	学級活動 生徒会活動 学校行事：儀式的行事，文化的行事，健康安全・体育的行事，旅行・集団宿泊的 　　　　　行事，勤労生産・奉仕的行事
【高等学校】	ホームルーム活動 生徒会活動 学校行事：儀式的行事，文化的行事，健康安全・体育的行事，旅行・集団宿泊的 　　　　　行事，勤労生産・奉仕的行事

表2-5　特別活動における内容の特質と集団の役割

	主に学級での活動と指導	異年齢の活動と指導
自発的・自治的な活動	学級・ホームルーム活動	クラブ活動
		児童会・生徒会
意図的・計画的な活動	学級・ホームルーム活動	学校行事

2　「特別活動」における生徒指導

(1) 児童生徒に自己決定の場を与える

　表2-5の学級・ホームルーム活動，児童会・生徒会活動，クラブ活動などは，自発的，自治的活動であるところに特質がある。活動内容も選択も活動の過程で生じる課題解決も仲間と協力しながら，自らが決定していける喜びがある。

　学級・ホームルーム活動においては，児童生徒は日常生活を営むうえで必要な行動の仕方や望ましい在り方・生き方を追求するといった「自己決定」が求められる場面に直面する。そして，自己の個性や学習の成果を生かす進路を自らの意志と責任で考え，選択していく能力を身につけていく。これらの内容は，生徒指導の全ての機能を充実，深化させる役割をもつ。

(2) 自己存在感を与える

　特別活動における生徒指導においては，他者との関わりの中で自己存在感を与えることに重点が置かれる。何かができるようになったという喜びをもたせることは，「生きる力」を支える要素の「学ぶ意欲」を児童生徒に与える。

　そのなかでも，特に「友だちのために頑張った」「私がいたからできた」「みんなのために役立つことができた」など，他者との関わりにおける喜びをもたせることに特別活動と生徒指導は重点を置く。

(3) 共感的な人間関係を基盤とする

　共感的な人間関係は，教師と児童生徒，児童生徒相互の間に存在する。この共感的な人間関係は，教師の言葉のみで育まれるものではない。教師との共感的な関係は日常の生活の中で，児童生徒間の共感的な関係は，共通の目標を追求する集団の活動の中で育まれる。

　特別活動は，集団活動を最も意識するため，児童生徒相互の協力なしには目標を達成することはできない。役割を分担し，互いの活動を応援し合い，活動の成果をともに認め合う中で，生徒指導が役割を果たし，共感的な人間関係がつくられていくのである。

▶文献

藤田主一ほか（編著）　2018　生きる力を育む生徒指導　福村出版
文部科学省　2010　生徒指導提要
文部科学省　2017　中学校学習指導要領（平成 29 年告示）
文部科学省　2017　中学校学習指導要領（平成 29 年告示）解説　総合的な学習の時間編
文部科学省　2017　中学校学習指導要領（平成 29 年告示）解説　総則編
文部科学省　2017　中学校学習指導要領（平成 29 年告示）解説　道徳編
文部科学省　2017　中学校学習指導要領（平成 29 年告示）解説　特別活動編
文部科学省国立教育政策研究所教育課程研究センター　2016　学級・学校文化を創る特別活動【中学校編】

第**3**章

チーム学校による生徒指導体制

第1節　チーム学校における学校組織

　社会がより複雑になり，子どもたちを取り巻く家庭や地域の環境も変わってきている。以前は学校で起こった問題は学校内で解決することが普通であった。しかし生徒指導に関わる課題が複雑化・多様化しており，学校や教員だけが課題を抱えて対応するのでは，十分に解決できないことも増えている。

　さらに，近年マスコミでも取り上げられるように，教材準備，部活動指導，保護者対応等と以前と比べ教員の勤務は忙しさが増してきている。教員の負担の軽減を図りつつ生徒指導の充実を図ることは，今後の日本の教育の大きな課題となってきている。

　学校で起こる様々な生徒指導の課題には，担任任せ，学年任せ，生活指導担当任せにすることなく，校長の指導力の下，チーム学校として，オール学校で取り組むことが大切である。図3-1はチーム学校における組織イメージを示したものである。

　家庭や地域での生活指導は，より複雑化してきて教員だけで解決することはより困難である。教育委員会，警察を中心とする関係諸機関，また，PTAや地区自治会等にも協力を得る必要がある。

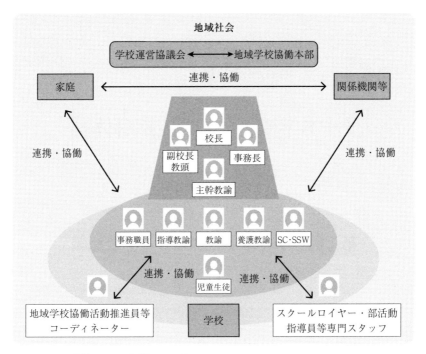

図 3-1　チーム学校における組織イメージ
（文部科学省　2022）

1　学校の上司である教育委員会

　例えば東京都の教育委員会の組織の場合は，東京都の教育委員会からの区市教育委員会に出向として室長（指導担当部長）統括指導主事，指導主事が在籍している。3年間で転勤するのが通常のようである。

　教育委員会は公立学校の設置者であり学校の上司でもある。学校における施設設備関係はもちろん学校予算関係等様々な指導を受ける。指導主事は教員出身者が多く，職が激務なこともあり一時は選考試験を受験する教員が少ないときもあった。

2　学区内における地域の人たちとの関係

　校長・副校長の管理職は地域との関係を深めるため，学区内で行われる夏の盆踊り，秋の祭り等に参加して交流を深めている。そのような地道な行動が地域との信頼関係を築き，我が町の学校として生徒指導等をはじめ様々な面で学校への協力を得ることができる。また，ボランティア部等が地域の清掃活動に参加している。小学校では毎朝道路に立ち交通安全を行っている登校支援員にも大変お世話になっている。中学2年の時に行われる1週間の職場体験では地元の企業や商店でお世話になることが多い。

3　「チーム学校」は，まずはチーム学校内で

（1）チーム学校を陰で支える校内分掌に属さない学校職員

　図3-2は従来の学校とチームとしての学校を比較したものである。

　チーム学校を築くには，まず校長を中心として，それぞれの分掌や学年での組織が機能することである。学校のスローガンで「チーム○○○中学校」「オール○○」と掲げる学校もある。しかしどの校内分掌にも所属せず忘れがちなのが，事務や用務，給食配膳員，警備員の方々である。例えば警備員さんは毎日夕方の見回りでどの教室が整理整頓されているか，窓が閉められているか，消灯忘れ，施錠忘れ等の教室環境整備を大変よく知っている。給食の配膳

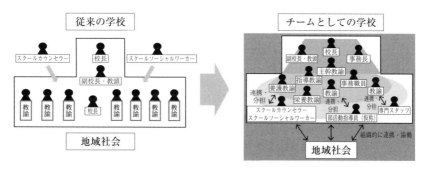

図3-2　「チーム学校」実現のイメージ
（中央教育審議会作業部会事務局作成より一部抜粋）

員は残食の多いクラス等，仕事柄よく把握している。これらの職の人はもちろん学校関係者である。自ら管理職等に校内での様子を訴えることはないが，チーム学校を土台として支える人たちであることは間違いない。

(2) 保護者・PTA

　公立の学校運営には保護者・PTA との連携はとても大事であり，欠かすことができない学校の力となってくれる。運動会等の学校行事はもちろん，周年行事等を行うときも大変頼りになる。また，毎試合来て応援してくれる部活動の保護者の会も大変心強い。しかし一度信頼関係が崩れ学校不信になると，身近な存在であるゆえに信頼を回復することは大変である。保護者同士のネットワークは早くて広い。連携・協力がうまくいかないと，些細なことから大きな問題へ発展することも珍しくない。学校の情報はいち早く保護者間のネットワークに乗って広がり，来年入学の新入生の保護者にも伝わる。その結果，学校の評判が落ちて来年度の入学生徒数にも影響する場合がある。

　PTA の行事や会合は放課後や休日，勤務時間外に行われることが多いが，管理職を中心に役員とのコミュニケーションを図る必要がある。さらに，保護者の中には，給食費は「学校が勝手に食べさせているので払わない」などという自分勝手で理不尽な保護者もいる。普段より職員は自覚し信頼される関係になるよう，丁寧に対応することを心がける必要がある。連携・協力へのスタート，第一歩は信頼関係の構築が必要であると思われる。

第2節　生徒指導体制

1　生徒指導部と生徒指導主事の役割

　教員は，教科担任，学級担任の職務以外に，学校教育法施行規則第43条に「小学校においては，調和のとれた学校運営が行われるためにふさわしい校務分掌の仕組みを整えるものとする。」とあるように，管理職である校長の命を受け，教務主任や生徒指導主事，進路指導主事，各学年主任，保健主事，事務

長，事務主任など役割に応じた事項を司り，連絡調整・指導・助言を行う。東京都の場合は主幹3人が各校に配置されており，教務，生活，進路の各分掌を担当する場合が多い。各教員も3月末に校長より発表される各分掌に所属し，組織の一員としてそれぞれの校務を分担する。しかし，生徒指導は生徒指導担当だけに任せるのではなく，全ての教育活動を通して，全ての教職員が全ての児童生徒を対象として行うものであるため，全ての校務分掌が，その目的や役割に応じて，生徒指導に直接的，間接的に関わることになる。生徒指導部の主な役割としては，生徒指導の取り組みの企画・運営や全ての児童生徒への指導・支援，問題行動の早期発見・対応，関係者等への連絡・調整などがある。

　生徒指導主事の法的根拠は以下のとおりである。

中学校には，生徒指導主事を置くものとする。(学校教育法施行規則第70条第1項)

「生徒指導主事は，校長の監督を受け，生徒指導に関する事項をつかさどり，当該事項について連絡調整及び指導，助言に当たる。」(学校教育法施行規則第70条第4項)

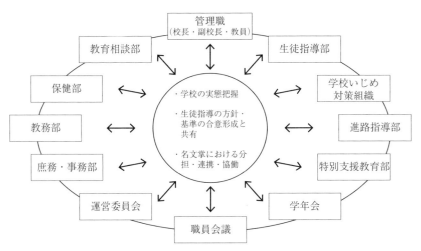

図3-3　生徒指導の学校教育活動における位置づけ
(文部科学省　2022)

生徒指導主事には，担当する生徒指導部内の業務をラインとして処理していくだけでなく，学校経営のスタッフの一人としてその学校の生徒指導全般にわたる業務の企画・立案・処理が職務として課されている。さらに関係機関，他校等の対外関係として学校の窓口となる。東京都の場合，生徒指導主事は授業数の軽減措置が執られている。

2 学年・校務分掌を横断する生徒指導体制

図3-3は生徒指導の学校教育活動における位置づけを示したものである。

生徒指導は，生徒指導部だけに任せるのではなく，学校に関わる全ての教職員が担うものである。生徒指導体制づくりにおいては，各学年や各分掌等が各自バラバラに活動するのではなく，組織として機能する体制を作るとともに，学年や校務分掌を横断するチームを編成し生徒指導の取り組みを推進することが重要である。多くの学校において，生徒指導部に所属している教員の会議（生徒指導部会議）が週一回時間割の中に組み込まれ行われている。緊急の場合や重要な案件がある場合は，管理職が入り放課後等に臨時に開かれることもある。

3 生徒指導のための教職員の研修

生徒指導で大切なことの一つとして生徒理解がある。要するに一人一人の生徒を把握することである。大規模校ではなかなか難しいが，まずは生徒一人一人の名前を覚えることが大切であり，顔を見て名前で呼ぶことが生徒理解の第一歩である。生徒についての情報交換は職員会議において行われることが多いが，教員同士職員室内で放課後や空時間等で行われる情報交換も生徒指導に非常に役立つ。

(1) 校内における研修

校内研修には研修担当が中心となり全教職員が参加して組織的・計画的に行われる研修と，特定の教職員に行われる研修がある。全職員が参加して行われ

る研修は，年間研修計画に基づくものと臨時に行われることもある。生徒指導の方針・基準等以外にも外部から講師を招き行われることもある。

(2) 校外における研修

校外での研修は主として教育委員会が主催する研修が多い。初任者研修はもとより中堅教諭の資質向上をはじめ，生徒指導主事や各主任等のリーダーシップを発揮することが求められる主幹・主任を対象とした研修も行われる。

校外での研修で大切なものの一つとして，研修成果を各学校に持ち帰り職務に活かすことと，他の教員に研修内容を報告し研修内容を共有することが大切である。

第3節　生徒指導と教育相談が一体となったチーム学校

1　生徒指導と教育相談

教育相談は全ての児童生徒を対象に，発達支持的，課題予防的な機能を持った教育活動である。また，教育相談はコミュニケーションを通して気づきを促し，悩みや問題を抱えた児童生徒を支援する働きかけである。

生徒指導は，児童生徒理解に始まり，児童生徒理解に終わると言われている。理解の側面を抜きにした指導・支援は働きかけの幅を狭くし，長い目で見たとき効果が上がりにくくなる。児童生徒理解とは，一人一人の児童生徒に対して適切な指導・支援を計画し実践することを目指して個人的なことや家庭環境等について情報を収集し分析するためのプロセスを意味する。教育相談の基盤となる心理学の倫理やカウンセリングの考え方，技法は児童生徒理解において有効な方法である。

2　生徒指導と教育相談が一体となったチーム支援の実際

教育相談も生徒指導と同様に校内分掌に位置づけられている。それぞれの縦割り意識と分業的な体制が強すぎると，複合的・重層的な課題を抱えた児童生

徒の適切な指導・援助を行うことができない。それぞれの分掌の垣根を越えた指導・援助の体制が大切である。

　担任一人では対応できないことも，校内でチームを組むことで指導・支援の幅が広がる。また，学校だけで対応できないことも，多職種の専門家と連携することで新たな指導・支援策が生み出される。

　学校における教育相談の利点としては，

①日頃より生徒と同じ場所で生活しているため，早期発見，早期対応が可能である。
②一人の児童生徒をめぐって様々な人が関わることができ資源が豊富である。
③学校を中心として，関係機関と連携がとりやすい。

　一方で，学校における教育相談の課題は

①教育相談における面接に，それ以外の場面の児童生徒と教員の人間関係が反映しがちであり，実施者と相談者が同じ場にいることによる難しさがある。
②問題行動などに対応する場面では，児童生徒に対する指導的関わりを担わなければならない立場と，教育相談の実施者としての役割という，一見矛盾した役割を同時に担うことが求められる。

第4節　危機管理体制

1　学校危機とは

　学校の運営機能に支障をきたす事態を「学校危機」と呼んでいるが，学校は普段より教育課程の中で毎月行われる避難訓練や交通安全教室，集団下校訓練，不審者侵入対応訓練等を行い，非常の事態に備えている。

　学校が安全・安心な環境であることは児童生徒の教育活動を行う上での最も大切な前提条件であり，命を守るということは最大限必要である。避難訓練に

しても毎月教育課程の中に設定され，火事対応だけでなく地震に対しても対応できる訓練も行っている。

　学校危機は，学校管理下の事案だけでなく，個人レベルの危機など管理下に含まれないものもあるので学校としての対応が求められている。

2　学校危機への介入

　学校危機への介入方法は大きく２つに分けられる。これはリスクマネジメントとクライシスマネジメントである。「リスクマネジメント」とは事件・事故を回避し，災害の影響を緩和するために行うことである。「クライシスマネジメント」とは事件・事故・災害発生直後に，被害を最小化し，早期の回復へ向けた取り組みのことである。

第5節　生徒指導に関する法制度等の運用体制

1　校則の運用・見直し

　校則の見直しは日本各地で行われている。特に中学校の決まりについて，生徒からだけではなく保護者からの問い合わせも多い。小学校では制服や標準服を決めている学校は少ない。高等学校でも中学校ほど厳しくない学校もある。間に挟まれた中学校の３年間は，生徒にしてみれば服装だけでなく「なぜ」と疑問に感じると思う。校則の意義は，児童生徒が遵守すべき学習上，生活上の規律として定められている。さらに発達段階や学校，地域の状況，時代の変化等も踏まえて，最終的には学校長が制定するが，校則の制定にあたっては，少数派の意見も尊重しつつ，児童生徒個人の能力や自主性を伸ばすものとなるように配慮することも必要である。

（1）校則の運用

　校則を守らせることばかりこだわるのではなく，何のために設けた決まりなのか，教職員が背景や理由について理解し，児童生徒が自分事としてその意味

を理解して自主的に校則を守るように指導していくことが重要である。そのためには児童生徒の代表である児童会，生徒会等が中心となり，校則を考えさせたり話し合わせる場面を設定することなどが必要である。また，普段より遠足や校外学習時に決まり等を学年や学級での話し合い活動を行うことが大切である。

（2）校則の見直し

校則を制定してから一定の期間が経過し，あらためて教育目的に照らして適切な内容か，現状に合う内容に変更する必要がないか，また，本当に必要なものか，絶えず見直しを行うことが求められる。見直しにあたっては，児童・生徒会や保護者において確認したりする機会を設けるなど，絶えず見直しをしていく必要がある。

2　出席停止制度の趣旨と運用

（1）出席停止の要件

学校は，児童生徒が安心して学ぶことができる場でなければならない。その生命および心身の安全を確保することは基本的な責務である。学校において問題行動を繰り返す児童生徒には，学校の秩序の維持や他の児童生徒の義務教育を受ける権利を保障する観点からの早急な取組みが必要である。ただ単に児童生徒を指導から切り離すことは根本的な解決にはならないという基本認識に立って，一人一人の児童生徒の状況に応じたきめ細かい指導の徹底を図ることが必要である。しかし，公立小学校および中学校において，学校が最大限の努力をもって指導を行ったにもかかわらず，性行不良であって他の児童生徒の教育の妨げがあると認められる児童生徒がいるときは，市町村教育委員会が，その保護者に対して，児童生徒の出席停止を命ずることができる。（小学校：学校教育法第 35 条，中学校：学校教育法第 49 条（35 条）を準用）

この出席停止制度は，本人の懲戒という観点からではなく，学校の秩序を維持し，他の児童生徒の義務教育を受ける権利を保障するという観点から設けら

れている。

　性行不良の4つの行為の類型は

　・「他の児童生徒に障害，心身の苦痛又は財産上の損失を与える行為」

　・「職員に傷害又は心身の苦痛を与える行為」

　・「施設または設備を破損する行為」

　・「授業その他の教育活動の実施を妨げる行為」

であり，上記の「一又は二以上を繰り返し行う」ことを出席停止の適用の要件としている。

（2）出席停止の事前手続きと適用

　出席停止は，法律の規定の趣旨を踏まえ，定められた要件に基づき，適切な手続きを踏みつつ運用されることが必要である。そのために，出席停止の命令の手続きに関し必要な事項を教育委員会規則で定め，実際に市町村教育委員会が出席停止を命ずる際には，保護者の意見の聴取を行うこと，出席停止を告げるときには理由および期間を記載した文書を交付しなければならないことが示されている。

（3）出席停止の措置の適用

　出席停止を保護者に命ずるのは校長ではなく市町村の教育委員会である。教育委員会は保護者に対して，校長等が立ち会う場で，理由及び期間を期した文書を交付する。

（4）出席停止の期間中および事後の対応

　出席停止制度の運用にあたっては，他の児童生徒の安全や教育を受ける権利を保障すると同時に，出席停止措置期間中の当該児童生徒が学校や学級に円滑に復帰できるよう指導の充実を図ることも重要である。そのため，市町村教育委員会は，出席停止期間中の児童生徒に対して学習支援の措置を講じるものとすることが定められている。

また，出席停止終了後も保護者や関係機関と連携し，当該児童生徒に対して指導を継続することが大切である。

第6節　学校・家庭・関係機関等との連携・協働

1　連携・協働の場としての学校の意義と役割

学校は，複雑化・困難化した課題に対応し，子供たちに求められる力を身につけさせるため，教職員が心理や福祉等の専門家や関係機関，地域と連携し，チームとして課題解決に取り組むことが必要とされている。また，学校と地域の連携を推進するため，学校内において地域との連携の推進を担当する教職員を地域連携担当教職員（仮称）として法令上明確化することを検討するとしている。

2　学校と家庭，地域との連携・協働

（1）学校と家庭

学校教育を円滑に進めるためには，学校は家庭とよきパートナーシップを築くことが大切である。また，保護者が所属するPTAとの連携・協力は欠かすことができない。連携・協力がうまくいくと学校教育の運営の大きな力となっていく。

連携するにあたってはまず保護者との信頼関係の構築である。情報化，価値観の多様化が進む現在，学校には保護者から様々な要望が寄せられる。学校の対応のまずさ，説明不足から信頼を失う場合がある。保護者対応に際しては，保護者の立場に立つこと，保護者の思いに寄り添い耳を傾けることが大切である。

PTA活動などでは，「学校のためにやっているのに，管理職以外は何の協力もしてくれない」など批判も多い。日頃から教職員はPTA活動の意義を理解し，自発的に参加することが求められる。

(2) 学校と地域

　学校と地域との連携，協働については，学校教育のいっそうの充実に向けた取り組みが進められている。その一つの動向としてコミュニティ・スクール（学校運営協議会制度）と地域協働活動の一体的な取り組みによる「学校を核とした地域づくり」が目指されている。

1）コミュニティ・スクール

　学校運営に対して保護者や町内会長等の地域住民が参画し，学校運営協議会を通して教育に対する課題や目標を共有し，熟議することで，地域と一体となって子どもたちを育む学校づくりをすすめる仕組みである。学校運営協議会とは学校の運営に関して協議する機関のことである。

2）地域学校協働活動

　地域の個人や団体等様々な幅広い地域住民の参画を得て，地域全体で子どもたちの学びや成長を支えるとともに「学校を核とした地域づくり」を目指して，地域と学校が相互にパートナーとして連携・協働して行う様々な活動である。例として職場体験や放課後子ども教室，登下校の見守り等がある。

3　学校と関係機関との連携・協働

(1) 学校と教育委員会

1）生徒指導担当指導主事

　学校の管理設置者は教育委員会であり，いわば学校の上司にあたる存在である。いろいろと学校運営に対して指導を受けることもあるが，判断に迷うときなど，学校との連携・協働において果たす役割は大きい。教育委員会には指導主事がいて，広く学校教育に関する専門的事項の指導に関する事務を担当している。生徒指導上の諸問題が発生した場合も，校長と指導主事が連絡を取り合い解決にあたる。教育委員会は管理下で行われる生徒指導主任会などの会議も主催する。また，初任者研修等も年間計画を作成し実施する。

2）教育支援センター（教育支援室）

　以前は適応指導教室と言われていたが，現在では教育支援センターや教育支

援室と言われている。教育委員会や首長部局に設置され，主に不登校児童生徒への支援を行う機関である。市町村の教育委員会による設置が主であり，教育委員会内や学校外や学校内に設置されていて通室すれば自校での出席扱いとなる。社会自立に向けて学校復帰も視野に入れ在籍校と連携しつつ個別のカウンセリングや少人数での活動，教科指導を行っている。今後はセンター機能を活かして通所を希望する児童生徒の支援だけでなく通所を希望しない児童生徒への訪問型支援等，不登校児童生徒の支援が期待されている。中学生の進路指導も行われ，進路先はチャレンジ校やエンカレッジ校，フリースクールなどに進学している。

旅行に行けない子どもも多いことから，年に2回ほど日帰りで校外学習にも出かける。人間関係が希薄の子どもが多いので，カリキュラムの中にソーシャルスキルを身につける活動も行っている。

多様な不登校の子が通室しているので生徒指導と活動のバランスが難しい。

3）教育行政に関わる法務相談体制の構築

現在，学校を取り巻く環境も複雑になり，各都道府県や政令指定都市において，いじめや虐待，学校事故等へ対応するために，また，相手が弁護士を立てることから専ら教育行政に関与する弁護士の配置が進められている。弁護士の業務として以下のことが考えられる。

・助言，アドバイザー業務
・代理，保護者との面談への同席など
・研修事業（いじめ，法教育，個人情報を含むコンプライアンスなど）
・出張授業（いじめ防止，法教育，消費者教育など）

ただし，弁護士も自らの仕事もあり教育行政専門は難しい面もある。

(2) 学校と警察・司法

1）警察

中学校の校長は，学期や年度末に挨拶を行いに警察に出向くことがある。挨

拶先は最寄りの警察署（生活安全課や少年相談係等）が挙げられる。学校と警察等の連携は学校の内外で起こる非行などの課題解決的な指導だけでなく，全校の児童生徒を対象とした，交通安全教室や薬物防止教室などの講師として警察にお願いすることもある。また，身近な存在として学区内の交番や駐在所と情報を交換することもある。

2）法務少年支援センター

個人や保護者の相談だけでなく，学校で「学校内でのトラブルが目立つ児童生徒への対応」について相談をしたり面接や心理検査，知能検査を実施した上で，本人の特性に応じた指導上のポイント等を助言している。困難な課題への対応として，全国52ヶ所に設置している法務少年支援センター（少年鑑別所のリソースを活用）の協力を求めることも考えられる。非行や犯罪行為のみならず，保護者との関係，学校でのトラブル，交友関係でも支援している。また，心理教育や法教育の出張授業なども行っている。

3）保護司・更生保護サポートセンター

年に一度であるが，保護司や民生委員，児童委員が学校にきて主に学区内のことについて相互に情報交換を行っている。この会には管理職だけでなく生徒指導主事も参加することが多い。また，犯罪や非行をした少年への対応に当たっては，保護司との連携も考えられる。保護司は，非行や犯罪をした人の生活状況の見守り等の保護観察，刑務所や少年院に入っている人の帰住先や出所後の生活の調整といった立ち直りに関する支援等を行っている。

4）その他の関連機関

少年法により，警察が罪を犯した少年（犯罪少年）を検挙や，触法少年（刑罰法令に触れる14歳未満）やぐ犯少年を発見した場合，全件送致主義の原則の下，司法機関である家庭裁判所に送致される。触法少年と14歳未満のぐ犯少年については「児童福祉法」の措置が優先され，児童相談所に送致された後に家庭裁判所に送致される。そして非行事実と要保護性の両面から調査し，家庭裁判所によって少年審判を開始するかどうか判断が下される。少年審判が開始された場合裁判官によって少年に対し「不処分」「保護処分」「知事又は児童相

談所送致」「検察官送致」のような判断がなされる。このうち保護処分には，保護観察，少年院送致，児童自立支援施設・児童養護施設送致がある。

　少年院や児童相談所で一時保護された子どもに対して，学校にどのように復帰させるか等のケース会議が開かれる。

(3) 学校と医療・保健

　近年，多くの子どもたちが心療内科を受診している。医療につなげることは大事であるが，予約が一か月，二か月先になることが多くある。これは受診する子どもが多いのと専門的な医療機関が少ないことも影響している。

　障害などの特別な支援を要する児童生徒への気づきや特性の理解，合理的な配慮，状態像を踏まえた適切な支援を行う上で，学校と医療・保健機関との連携は重要である。

　医療機関との連携については，当該生徒の発達の遅れや偏りに対する診断や診療が挙げられる。不登校児童生徒の中には心療内科で起立性調節障害・適応障害と診断を受ける子どもも多い。知り得た情報については学校内で情報を共有し，生徒指導に生かすことが大切である。医療機関未受信の支援が必要と思われる児童生徒については，管理職や養護教諭，特別支援コーディネーター，SC等が中心となって支援の方法を協議し，保護者との関係を構築し医療機関の受診を勧めることになる。

(4) 学校とNPO法人

　NPO法人は，特定非営利活動促進法に基づき特定非営利活動を行うことを主たる目的に設立された法人のことである。児童生徒の出席扱いは校長の判断で行われる。

　また，フリースクールを運営しているケースもあり，学校は学区内や近隣地域にあるNPO法人を把握し良好な関係を築いていくことが大切である。

▶**文献**

文部科学省　2010　生徒指導提要

文部科学省　2015　チームとしての学校の在り方と今後の改善方策について（答申）　中央教育審議会

文部科学省　2022　生徒指導提要（改訂版）

第**4**章

いじめ

第1節　いじめの定義と認知件数

1　いじめの定義

　1980年代以降，メディア等でいじめを原因とした児童・生徒の自殺事例が繰り返し報道されてきた。子どもの権利条約には，「生きる権利」「発達する権利」「守られる権利」「参加する権利」が挙げられており，いじめはこれらの権利を侵害する行為である。一方，重大事案が発生するたび，国や学校は児童・生徒の多様性や社会情勢に配慮しながら，いじめ問題への対策を講じてきた。いじめの定義変更や法整備はその一例である。

　2013（平成25）年に施行された「いじめ防止対策推進法」では，いじめを次のように定義している。

　　「この法律において「いじめ」とは，児童等に対して，当該児童等が在籍する学校に在籍している等当該児童等と<u>一定の人的関係</u>にある他の児童等が行う<u>心理的又は物理的な影響を与える行為</u>（インターネットを通じて行われるものを含む。）であって，当該行為の<u>対象</u>となった児童等が<u>心身の苦痛を感じている</u>ものをいう。」（第2条1項，下線は筆者）

　これ以前は，自分よりも**弱い者**に対し，**継続的・一方的**に行われていること，**身体的・心理的攻撃**により**深刻な苦痛**が生じていることが定義に盛り込まれていた。しかしながら，何をもって弱い者，深刻な苦痛とするかが明確でなく，一過的にいじめが行われた場合にはこの定義に該当しないことになる。そのため，新たな定義にはこれらの文言は削除されている。

　「いじめ防止対策推進法」における定義のポイントは以下の3点である。

①一定の人的関係

　　同一学内の人間関係に限定されるわけではなく，学外（塾や習い事など）の人間関係も含まれる。

②心理的又は物理的な影響を与える行為

　　ここでいう物理的な影響を与える行為とは，暴力などの身体的攻撃とともに，金銭の要求や嫌なことを無理やりさせられることなども含まれる。

③対象となった児童等が心身の苦痛を感じている

　　過去には学校がいじめを認知しているかどうか等の基準が設けられていたが，いじめを受けた児童・生徒が苦痛を感じているかどうかといった，主観性を重視した判断基準に変更されている。そのため，社会通念上のいじめとはそぐわないものもいじめとして認知されることになり，いじめを認知できる定義となっている。

　また，平成25年の「いじめの防止等のための基本的な方針」では，けんかはいじめから除外されていた。一方，いじめの認知漏れを防ぐ観点で，平成29年の改定では，けんかやふざけ合いとみなされる場合でも児童・生徒には心身の苦痛が伴うことから，「いじめ防止対策推進法」の定義に基づきいじめとして認知されるようになっている。

2　いじめの認知件数

　児童・生徒の申告やアンケート調査等により，学校がいじめに相当する事案を認識したことをいじめの認知という。いじめの認知件数の推移をいじめの定義の変遷とともに図4-1に示した。

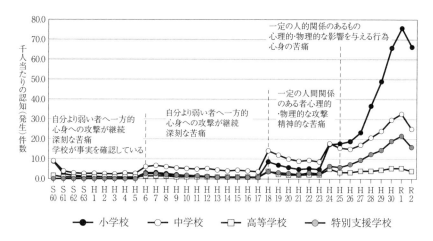

図4-1　いじめ認知件数といじめの定義の変遷
（文部科学省「児童生徒の問題行動・不登校等生徒指導上の諸課題に関する調査」をもとに作成）

　図を見ると，いじめ認知件数は増加傾向にある。このことは，実際にいじめが増えている可能性も考えられるが，いじめの定義の変遷も関わっている。平成18年の定義改正により，疑わしいものであっても積極的にいじめとして認知するようになったこと，平成25年の定義改正により，より広範な定義となったことは，いじめ認知件数が増加したことと無関係ではないだろう。

　いじめが表面化しにくいことや，いじめを認知しなかったことにより，児童・生徒が自殺に至るケースもある。国や学校の対策は，これらの問題解決を目指し，認知漏れを防ぎ，早期発見，早期解決を目指したものと捉えることができる。

3.いじめの分類

　いじめは，被害児童・生徒に心理的又は物理的な影響を与える行為と定義される。影響を与える行為には暴力・暴力を伴うもの・暴力を伴わないものが挙げられる。また，定義に示されるように，主観的な被害性の有無を判断基準とするならば，いじめに該当する具体的行為は無数に存在することになる。しか

表 4-1　いじめの態様とその構成比

いじめの態様	構成比
冷やかしやからかい，悪口や脅し文句，嫌なことを言われる。	48.1%
仲間はずれ，集団による無視をされる。	12.3%
軽くぶつかられたり，遊ぶふりをして叩かれたり，蹴られたりする。	16.6%
ひどくぶつかられたり，叩かれたり，蹴られたりする。	4.8%
金品をたかられる。	1.2%
金品を隠されたり，盗まれたり，壊されたり，捨てられたりする。	4.8%
嫌なことや恥ずかしいこと，危険なことをされたり，させられたりする。	6.1%
パソコンや携帯電話等で，誹謗中傷や嫌なことをされる。	2.8%
その他	3.3%

※平成19~令和2年までの「児童生徒の問題行動・不登校等生徒指導上の諸課題に関する調査」をもとに作成。各態様の構成比は小学校・中学校・高等学校・特別支援学校のいじめ認知件数を総和して算出した。

しながら，いじめ予防・早期発見のためには，影響を与える可能性のある行為をある程度理解しておく必要はあるだろう。

　表4-1は，「児童生徒の問題行動・不登校等生徒指導上の諸課題に関する調査」（文部科学省）に示される，認知されたいじめの態様をまとめたものである。叩かれる，蹴られるといった暴力を伴うものが2割ほどであるのに対し，冷やかしやからかい，悪口や脅し文句，嫌なことを言われるなど，心理的な影響を与える行為はおよそ半数を占めている。

　一方，児童・生徒を対象とした調査（国立教育政策研究所生徒指導・進路指導研究センター『いじめ追跡調査 2010-2012』）では，仲間外れ・悪口・無視の被害を経験した者は9割にのぼっている。さらに，これらの加害経験がある者も9割にのぼることから，暴力を伴わないいじめは誰もが関わり得るものであろう。いじめ予防・早期発見に当たり，暴力を伴わないいじめは暴力，暴力を伴うものに比べて，表面化しにくく見過ごされやすいことには注意が必要である。

4　いじめの重大事態

　いじめの定義変更や法制定は，自殺などの重大事態の発生が契機の一つと

なっていることもあり，認知件数が増加傾向にあることは先述の通りである。自殺に発展するようなケースでは，社会問題としてメディアに取り上げられることが多いが，「いじめ防止対策推進法」が規定する重大事態は自殺だけに限定されるものではない。

(1) 生命・心身・財産重大事態
　第28条第1項第1号において，「いじめにより当該学校に在籍する児童等の生命，心身又は財産に重大な被害が生じた疑いがあると認めるとき」と規定される重大事態である。具体的には，

①生命事態

　いじめ行為によって直接死に至らしめたケースや，いじめを苦にした自殺などが該当する。

②身体事態

　長期の治療が必要となるような傷害事態を指す。集団暴行などによる直接的なものや，いじめを苦にした自殺未遂の後遺症等が該当する。

③財産事態

　金銭や金銭的価値のある物品，形見など主観的に価値のある物品に関して重大な損害を被ったものを指す。恐喝による金銭の授受，スマートフォンの破壊等の直接的な損害，仲間外れにされないように要求されてはいないが自発的に金銭を渡すケースが該当する。

④精神事態

　いじめを苦に精神疾患を発症したケースや，既往の精神疾患の病状悪化が該当する。

(2) 不登校重大事態
　第28条第1項第2号において，「いじめにより当該学校に在籍する児童等が相当の期間学校を欠席することを余儀なくされている疑いがあると認めるとき」と規定される重大事態である。ここでいう相当の期間とは，いじめにより

欠席を余儀なくされた日数が年間 30 日を超えることが目安となっている。

　重大事態を学校が認識した場合，教育委員会や地方公共団体の長などへの報告を行う必要がある。また，被害児童・生徒や保護者は，「何があったのかを知りたい」という切実な思いを持っていることから，事実関係を明らかにするために調査を行い，その結果を報告することが求められる。

　なお，学校としては重大事態だと認識しないこともあるだろう。例えば，いじめに起因する欠席が年間 20 日，それ以外の欠席が 10 日であったとする。この場合，不登校事態の目安である 30 日の欠席に満たないと判断するかもしれない。しかしながら，「いじめ防止対策推進法」や国の基本方針に基づく対応を行うため，平成 29 年に策定された「いじめの重大事態の調査に関するガイドライン」では，重大事態の認定には，保護者などからの申し立てが重視される。いじめとは直接関わらないと判断した 10 日の欠席であっても，被害児童・生徒や保護者がいじめに関連するものであるとして申し立てを行った場合，学校の認識とは独立的に報告・調査を行うこともある。また，いじめにより転校したケースでは，発生校への登校ができなくなることから，30 日の欠席に満たない場合でも重大事態として扱われた事例もある。未然予防や早期発見が第一であるが，疑わしい事例が認知された際においても，安易に重大事態ではないと判断することなく，被害児童・生徒に寄り添った対応と再発防止に努める必要があるだろう。

第 2 節　いじめの心理的理解

1　いじめの層構造

　学校や教職員は，いじめ防止，早期発見に取り組み，対処していくことが求められる（「いじめ防止対策推進法」第 8 条）。これらの責務を果たすためには，いじめの被害者・加害者，保護者や家族，クラスメートなど，いじめに関わる者の人間関係やこころの理解が不可欠である。

　図 4-2 は，森田（1986）を参考に作成した，いじめの層構造を示したもので

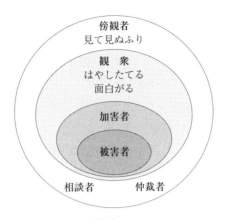

図 4-2　いじめの層構造
（森田・清永　1986 をもとに作成）

ある。これを見ると，いじめは被害者と加害者の二者関係のみで生じるもので
はないことが示されている。いじめをはやし立てて面白がる観衆，見て見ぬふ
りをする傍観者の存在は，加害者にとって是認や黙認として受け取られ，いじ
め行為を助長させてしまう可能性が考えられる。一方，傍観者の中には，いじ
めを抑止する仲裁者，いじめを教員等に告発する相談者も存在する。このこと
から，加害者・被害者の関係性のみならず，周辺他者の影響を考慮して，いじ
めの予防・早期発見・対応をしていく必要があるだろう。

2　いじめ被害者に対する認識の影響

　いじめられる側にも問題があるという考えを有責性認知という。福井ら
（2015）が大学生を対象に行った調査では，明確な理由を見出すことなく，漠
然と原因がある，いじめ解決の行動を起こさないことなど，いじめられた側に
いじめの責任を求める回答が得られている。また，いじめ被害者は弱々しさ
（石崎　1986），内向的・消極的な性格特性（杉原・宮田・桜井　1986）を有する，
というステレオタイプの存在も指摘されている。さらに，過去には，方言や家
庭の経済状況等，他者との異質性がいじめの理由となった事例もある。そのた

め，一人一人の多様性を認めた社会を保障するための教育・指導が求められよう。

　一方，いじめに対する否定的規範は少なからず学級に共有されており，より高い否定的規範を持つ学級の方がいじめが抑制されることが示唆されている（大西　2007）。また，中井（2016）によれば，いじめは孤立化，無力化，透明化の３つの過程で進行するという。このうち，孤立化とは，一度いじめの対象とされると，周辺他者は自身も対象となる危険を回避しようと対象者から距離を置くことによって生じる。対象者にいじめられる理由があると考えれば，加害者や傍観者は自身の行動を正当化することにもつながる。また，教職員がいじめを容認するような態度をとれば，被害児童・生徒の孤立化を助長するとともに，加害者のいじめ行為の促進や加害者の増加，相談者や仲裁者の減少にもつながりかねない。

　このように，有責性認知はいじめ問題の解決を阻害する要因の一つであるが，あくまでも周辺他者が主観的に感じていることである。すなわち，事実とは必ずしも合致しない認知が行われている可能性に留意しなくてはならない。

3　いじめ発生と促進に関わる要因

　日野（2019）は複数の先行研究を概観し，いじめ発生にかかわる諸要因をピックアップしている（表4-2）。いじめ加害者自身の問題として，対人関係や社会生活を送る上で必要とされるスキルの不足などが挙げられている。これら個人要因以外にも，学校や学級の風土，教員・学級成員や家族との人間関係などもいじめ発生に関わる要因となっている。

　一方，児童・生徒は一人一人に個性があり，おかれた状況・環境も様々である。これらの要因に該当していても，いじめ行為に加担しない者もいるだろうし，加害児童・生徒によっては複数の要因が複雑に絡み合っている場合もあるだろう。このことから，一人一人の児童・生徒の考えや状況を理解して，いじめの問題に対応することが求められる。

　また，国立教育政策研究所（2010）は，いじめを促進する要因としてストレスに着目したモデルを構築している（図4-3）。ローゼンツァイクは欲求不満や

表 4-2　いじめ発生の諸要因

個人要因	関係性要因
①対人関係形成スキルの不足 ②いじめ加害行動を正当化する心理 ③学級成員のいじめ否定規範意識を低く見積もること ④異質性を見出し他者を排除する心理 ⑤教員が不適切な権力を行使しているという認識 ⑥被害者の苦痛を実際より軽く見積もること ⑦スケープゴートを作りグループ内の仲間意識を強めようとする心理 ⑧集団内の暗黙の合意・規範から逸脱した他者への制裁意識 ⑨共感性の不足 ⑩攻撃行動をいじめだと認識しないこと ⑪いじめ否定個人規範の弱さ ⑫加害行動が発見され罰せられるという予測をしないこと ⑬他者のマイノリティな部分を見出しスティグマを付与する心理 ⑭向社会的スキルの不足	①児童生徒間の協力体制の未確立 ②児童生徒と教員との関係が悪いこと ③児童生徒間におけるパワー資源の偏在による力関係のアンバランス
	環境要因
	①保護者の不適切な養育態度 ②所属集団内に傍観者が多いこと ③いじめを許容したり傍観したりする空気 ④閉鎖性の強い空間 ⑤教員による管理・監督が行き届かない空間 ⑥いじめ否定学級規範の弱さ ⑦所属集団内の同調圧力 ⑧教員の不適切な言動

（日野ら　2019 を参考に作成）

ストレス状況において，人は攻撃性（主張性）を高めるというフラストレーション・攻撃仮説を提唱している。この仮説からいじめを考えた場合，不機嫌や怒りは，ストレス状況で生じる反応であり，何らかの攻撃性や主張が行わると考えることができる。いじめ - ストレスモデルにおいても，不機嫌・怒りはいじめ加害を直接的に促進する要因として捉えられている。一方，ストレッサーとは，ストレス反応を生じさせる原因である。このモデルでは，学業上の問題のみならず，友人との人間関係に問題を抱えることによりいじめ加害を促進したり，家族・教師との人間関係や勉強に問題を抱えると，不機嫌・怒りなどのストレスを促進し，フラストレーションを抱えた結果としていじめを行ってしまう可能性が示されている。また，学力や容姿など，他者よりも優れている部分を持ちたいという競争的価値観はストレスを高め，友人・家族・教師のサポートは軽減する要因となっている。

　対人関係がいじめ加害を促進・抑制するということは，いじめを未然に予防し，被害を拡大させないためには，円滑な人間関係を育むことが求められるだ

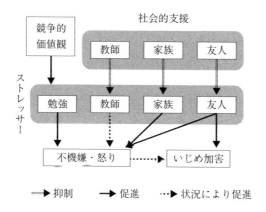

図4-3　いじめ-ストレスモデル
（国立教育政策研究所　2010より作成）

ろう。また，不機嫌や怒りがあるからこそ，回避や改善などの対処行動が動機づけられることもある。よって，生徒指導等で感情コントロールやストレスコーピングの情報提供を行うことは，いじめ対策として意義のあるものと考えられる。

4　情報発信の注意点

　いじめを認知した場合には，他の児童・生徒，保護者等への説明が必要であるし，重大事態ではマスコミから説明を求められることもある。ここで考えなければいけないのは，情報発信が受け手に及ぼす心理的影響である。

　「いじめの重大事態の調査に関するガイドライン」における情報発信のポイントを下記にまとめる。

　①いじめの事実，学校の責任を軽々に否定しないこと

　②状況把握が不十分なまま断片的に情報発信することに注意すること

　③被害児童生徒・保護者の心情を害するような発言を「厳に」慎むこと

　④仮に不都合なことがあっても調査結果を適切に説明すること

　人は否定的に評価されると，自己防衛の情報発信を行うことがある。これを

防衛的自己呈示という。例えば，いじめの事実，学校の責任を軽々に否定することは「否認」の自己呈示と考えることができる。また，悪ふざけの延長でこんな大ごとになるとは思わなかったといった「弁解」，いじめられる側にも問題がある，家庭環境の問題ではないか，といった「正当化」も防衛的自己呈示と考えることができる。これらの自己呈示が言い訳，保身，責任転嫁とみなされれば，被害児童生徒・保護者の心情を害することつながりかねない。

　また，情報発信した場合，現代ではメディアやSNS等を介して情報が拡散されることが多い。ところが，必ずしも発信内容が正しく拡散されるわけではない。発信内容が伝播していく過程で，情報が抜け落ちて単純なものになり（平均化），内容の一部分が強調されて拡散していくことがある（強調化）。また，情報を受け取った者は，自身の期待や主観に基づいて情報を認識・再構成して拡散させることがある（同化）。断片的な情報発信に関してガイドラインに注意喚起が記されているのは，拡散の過程で情報が少なからず変容することを考慮したものと考えることもできる。

　被害児童・生徒や保護者等は，いじめがなぜ，どうして生じたかを知りたいという切実な思いを持っている。また，被害児童・生徒や保護者等がいじめの情報を広く開示することを望んでいないこともある。適切に調査を行い，再発防止に努めるとともに，被害児童・生徒や保護者等の思いに寄り添い，慎重に情報を管理・発信をしていく必要があるだろう。

第3節　いじめに関する生徒指導

1　発達支援的生徒指導
　発達支援的生徒指導では，他者を尊重し，人権侵害もいじめもしない人を育成していくことを目指す。
　そのための取り組みとしては，下記の4点が挙げられる。

①「多様性に配慮し，均質化に走らない」学校づくり：生徒指導においては児

童・生徒の人格を尊重し，個性を伸長していくことが求められる。一人一人の個性を認め，様々な意見を交換・共有できる環境づくりが必要である。

②人間関係が固定されることなく，対等で自由な人間関係の構築：集団凝集性が高まることには，集団の協調性や一体感を高め生産性を向上させるなどのメリットがある。一方で，成員以外の参入を阻害したり，同調圧力が働き少数派の意見が無視・抑圧されるなどのデメリットもあることに注意が必要である。

③「どうせ自分なんて」と思わない自己信頼感の育成：エリクソンの発達理論における心理社会的危機の一つに「基本的信頼vs不信」が挙げられる。時に裏切られ，思うようにいかないこともあるが，基本的には自分も他者も信頼できる存在であることを成長の過程で学んでいく。これにより，人生における希望を持つことにつながっていく。また，マズローの欲求階層説には所属と愛の欲求，承認の欲求が挙げられている。児童・生徒が持つこれらの欲求を満たせるような取り組みや対応も重要だろう。

④「弱音を吐いても大丈夫」と適切な援助希求の促進：心身の成長とともに，自身では解決しにくい困難な問題にも直面するようになる。問題や悩みを打ち明けられず，抱え込むことは精神的健康に影響を及ぼすが，それでも相談や援助要請を行わない者も少なくない。授業時間以外でも，児童・生徒とコミュニケーションを図り，相談ができる機会を増やす工夫も求められる。

　また，主に経済分野の考えであるが，教育場面においても心理的安全性の効果検証が行われている。心理的安全性とは，失敗をしたり人とは違った意見を言ったとしても，責められることなく受け入れられる組織風土である。心理的安全性が低い組織では，他の成員から無知・無能・邪魔・ネガティブに思われるのではないかという不安が生じ，意見や創造的発想の表出，行動や挑戦の気持ちが抑制されやすい。一方，心理的安全性が高い組織では，独創的な意見・アイデアが受け入れられ，失敗しても咎められることが少ないことから，成員は積極的に意見を述べ，チャレンジするようになる。

　心理的安全性については発達支援的生徒指導と共通する点も多く，学校組

織・学級の環境づくりに役立てられることも多いのではないだろうか。

2 課題未然防止教育

　課題未然防止教育では，いじめをしない態度や能力の育成を目指す。

(1) いじめる心理から考える未然防止教育の取り組み

　いじめ - ストレスモデルでは，いじめを直接的に促進する要因に，不機嫌や怒りといったストレス反応，対人関係に起因するストレスが挙げられている。そのため，感情を制御し，ストレスに対処するスキルを高めていく取り組みが有効と考えられる。

　図4-4は，感情制御に関する研究者であるGrossのプロセスモデルを示したものである。感情が生じる状況が発生すると，そこに注意が向けられる。そして，状況に対する評価が行われた後，感情が生じる。感情の制御と聞くと，感情を抑制することと捉えられがちであるが，これは反応調整の一つの方法にすぎない。感情を表出して吐き出すことも心的浄化につながる。心と体は相関していることから，深呼吸などのリラクゼーションを用いることでこころのリラックスをもたらすことも可能である。

　また，状況・注意・評価の過程を経て感情が生じるならば，これらを変容させることも感情制御となる。改善方法を考えることで感情を引き起こす状況を変えたり，気晴らしなどにより注意の方向づけを変えるなどが挙げられる。状

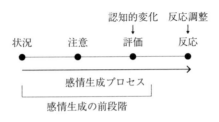

図4-4　感情制御のプロセスモデル
（野崎　2019　Figure 1 を一部改変）

況に対する評価を変えることも有効である。

（2）いじめの構造から考える未然防止教育の方向性

　いじめが発生した際には早期発見・解決を行う必要があるが，そのためには被害児童・生徒や相談者からの申告や，仲裁者による介入を増やす未然防止教育が求められる。被害児童・生徒にはいじめの相談をしない者も多く，相談したが寄り添ってもらえずに失敗に終わった経験や，孤立や人間関係の希薄さにより，信頼できる相談相手がいないことも要因となっている。また，いじめへの介入方法がわからないこと，報復や次のターゲットとなることへの恐れ，自身の介入により，かえって事態を悪化させてしまうことへの恐れが傍観者を生み出す心理的要因として挙げられる。そのため，教職員がいじめに真摯に向き合い，信頼に足る存在であることを伝え，学校・学級での心理的安全性を高める教育活動が求められる。また，ロールプレイなどを通じて対処行動を学び，当事者への共感性を高めることは，いじめの未然防止に役立つと考えられる。さらに社会的スキルを育む教育は，円滑な人間関係の構築や孤立化の改善に役立つだろう。

（3）いじめを法律的な視点から考える未然防止教育

　児童・生徒にとっては「軽くぶつかっただけ」，「遊びの延長」，「いじめじゃない」，「こんな程度で？」といった認識を持つ者もいるだろう。そのため，いじめ防止対策推進法や学校の基本方針等に対する認識を深めていく必要がある。また，暴力や暴力を伴ういじめは，暴行罪や傷害罪，器物損壊罪など，暴力を伴わないいじめであっても，PTSDやその他の精神疾患を発症した場合には，傷害罪に問われる可能性がある。さらに，いじめによって生じた損害賠償に関する民事裁判も行われることがある。いじめは人権を侵害する許されざる行為であり，法教育の面からいじめ防止を促す取り組みも必要である。

　少年法第61条において，18歳未満の実名報道が制限されているが，実名や職業，居住地域などの個人情報は様々なサイト上で確認できてしまうのが現状

である。これらの情報が，被害児童・生徒やその保護者の2次被害，3次被害を引き起こすこともある。さらに，加害者や学校，他の児童生徒などの関係者にも，誹謗中傷や差別，偏見などの被害を受けることにつながる。一度公開されると，それらが複製・拡散され，何年経過してもネットに情報が残り続けるため，関係者たちのその後の人生に大きな影響を与える。そのため，いじめ発生の一過的な変化のみならず，いじめ行為によって生じる長期的な結果についての理解を深めていく必要がある。

　法律や判決は難解な文章が多いが，『こども六法』（山崎総一郎著）など，平易な文章で書き下された書籍も出版されている。イラストや事例も多く児童・生徒が理解しやすいため，未然防止教育のよい資料となるだろう。また，法教育プログラムの一環で，いじめ防止に関する出張授業を行っている弁護士会もある。司法機関や法律の専門家と連携して，法律を学ぶ機会を担保することも，社会生活におけるルールを身につけることに役立つだろう。

3　早期発見対応

(1) いじめに気づくための組織的な取り組み

　被害児童・生徒がいじめの事実を認めなかったり，相談しないケースがある。また，いじめは表面化しにくく，認知漏れも生じやすい。よって，いじめを早期発見・対応していくためには，いじめのサインを見逃さない組織的な取り組みが必要である。

①行動・環境の変化

　学習理論に基づけば，私たちの行動頻度は，行動後の環境変化によって増減する。つまり，いじめられたという環境変化により，当該児童・生徒の行動も変化するのである。どのような環境変化が生じ，その結果，行動がどのように変化したかは，早期発見の良いヒントとなる。例えば，遅刻や欠席が増加する，元気がなくなった，おどおどしている，家からお金を持ち出す，などが挙げられる。また，ノートやかばんなどに落書きされていたり，物が壊されているなど，所持品に関する変化もいじめと関連するヒントである。さらに，こうした

環境は被害児童・生徒にとってストレス状況である。そのため，イライラや，攻撃行動が教師に向けられることも，いじめのサインになる可能性がある。

　一方，これらのサインは，いじめ以前から，よく児童・生徒を観察しておかなければ気づきにくいものである。また，これら本人周辺のサインだけでなく，学級全体の雰囲気の変化などにも気を配る必要がある。

②アンケート調査

　平成24年以降，アンケート調査はいじめ発見のきっかけの半数以上を占めるようになっている。アンケート調査は，記名式，無記名式，記銘と無記名の選択式などによって，年数回行われるようである。実施に当たり，質問内容はネガティブなものになりやすく，回答しにくいことに留意する必要がある。また，用意する質問項目や，質問順序等を考慮して精度を高める工夫も大切である。

(2) いじめへの対応の原則の共通理解
①児童生徒の理解や傷ついた心のケア

　いじめを把握したら，何よりも被害者保護を最優先する。また，いじめに関連して二次的な問題が生じることを防ぎ，いじめによって生じた心の傷をケアしていくことが不可欠となる。図4-5は，中学時代のいじめの経験が大学生の

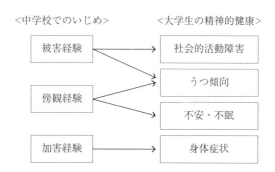

図4-5　いじめに関する経験とその後の精神的健康
（渡邉・堀井　2021　の結果をもとに作成
いずれの矢印も正のパスを示す）

精神的健康に及ぼす影響について示したものである。被害者のみならず，加害者や傍観者にも精神的健康上の問題が生じることがうかがえる。いじめの被害者・加害者は頻繁に入れ替わることや，傍観者も被害者と同様に心理的苦痛を感じる点も考慮して対応していかなければならないだろう。

②被害者のニーズの確認

　解決に向けて被害児童・生徒とともに対応していく姿勢を持つ。その際に，被害児童・生徒のニーズを確認し，具体的な支援案を提示していく。

③いじめ加害者と被害者の関係修復

　被害者と加害者の関係修復を図る。そのために加害者自身に何ができるかを考えさせるよう促す成長支援の視点も重要である。

④いじめの解消

　謝罪するだけで，いじめが解消されたとはみなされない。解消には下記の2点を満たす必要がある。

　・いじめ行為がやんでいる状態が相当の期間（3か月が目安）継続している

　・被害者が心身の苦痛を受けていない

4　重大事態に発展させないための困難課題対応的生徒指導の実際

　いじめの問題が複雑化し，対応が難しくなりがちなケースでは，できるだけ早い段階からケース会議を実施し，組織的対応を進める必要がある。ケース会議ではアセスメントに基づいて指導・支援方針をプランニングする。その後，被害児童・生徒や保護者に方針説明を行い，実施とモニタリングを行うなど，PDCA サイクルに基づいた対応を行っていく。

5　関係機関等との連携体制

　いじめ防止対策推進法は，「社会総がかりでいじめに対峙する」理念をもとに制定されている。すなわち，当事者や保護者，学校のみならず，地域や関係機関と連携して，いじめ問題に対処していくことが求められる。

　関係機関としては，教育委員会や地域の専門委員（民生委員，保護司など），

相談機関（教育相談所，児童相談所など），警察や弁護士，医療機関，人権団体
や NPO 法人などが挙げられる。これら関係機関と教職員や学校との連携を担
う役割として期待されるのが，いじめ防止対策協議会，いじめ問題対策連絡協
議会，学校運営協議会である。

・**いじめ防止対策協議会**：文部科学省が設置し，学校関係者や有識者などが参
加する。いじめ問題に対する関係機関同士の連携強化，いじめに対する実効的
対策，効果検証などを行う。

・**いじめ問題対策連絡協議会**：地方公共団体が設置し，国や地方自治体関係者，
福祉・法律・医療などの専門家などが参加する。関連機関同士の連絡調整，い
じめ対策の提案や実施，効果検証，いじめに関する方針点検，いじめ防止に関
する啓発活動等を行う。

・**学校運営協議会（コミュニティ・スクール）**：市区町村などの教育委員会が設
置し，教職員や保護者，地域住民が参加する。学校運営の基本方針の承認，学
校運営や教職員任用に関する意見を校長や教育委員会に述べることが主な役割
である。

　これらの協議会を通じて関係機関との連携を強化することで，予防教育やい
じめ事態の早期発見，発生時の具体的対応策を共有することが可能である。ま
た，学校のみが抱え込むのではなく，関連機関と協働することにより，効果的
にいじめ問題に対応することができると考えられる。

▶文献

石崎一記　1986　弱い者いじめの実態　高野清純（編著）いじめのメカニズム　教育出版
大西彩子　2007　中学校のいじめに対する学級規範が加害傾向に及ぼす効果　カウンセリング研究, *40*
　　(3), 199-207.
国立教育政策研究所　2010　いじめ追跡調査 2007-2009 いじめ Q&A
嶋﨑政男　2022　学校管理職・教育委員会のためのいじめを重大化させない Q&A100　エイデル研究所
杉原一昭・宮田敬・桜井茂男　1986　「いじめっ子」と「いじめられっ子」の社会的地位とパーソナリ
　　ティ特性の比較　筑波大学心理学研究, *8*, 63-72.
中井久夫　2016　いじめのある世界に生きる君たちへ──いじめられっ子だった精神科医の贈る言葉　中
　　央公論新社
野崎優樹　2019　他者のネガティブ感情に対する効果的な制御方略の解明　科学研究費助成事業 研究成

　　果報告書

日野陽平・林尚示・佐野秀樹　2019　いじめの心理学的・社会学的要因と予防方法——先行研究のレ
　　ビューと政策・実践・研究への提言　東京学芸大学紀要 総合教育科学系Ⅰ, *70*, 131-158.

福井義一・小山聡子　2015　いじめられる側にも問題があるって本当ですか？ その3：いじめ被害者への
　　有責性認知判断における理由の分析　日本教育心理学会総会発表論文集, *57*(0), 351.

森田洋司・清永賢二　1986　いじめ——教室の病い　金子書房

山崎総一郎　2019　こども六法　弘文堂

山本獎・大谷哲弘・小関俊祐　2018　いじめ問題解決ハンドブック　金子書房

和久田学　2019　学校を変えるいじめの科学　日本評論社

渡邉健蔵・堀井俊章　2021　大学生における過去のいじめに関する経験と現在の精神的健康との関連
　　教育デザイン研究, *12*(1), 66-75.

第 **5** 章

暴力行為

第1節　暴力行為とは

　文部科学省が毎年実施している「児童生徒の問題行動等生徒指導上の諸問題に関する調査」では，「暴力行為」を「自校の児童生徒が故意に有形力（目に見える物理的な力）を加える行為」と定義し，暴力の対象により以下の通り4つの形態に分け，それぞれの事例を示している。

①対教師暴力

　教師に対して殴る蹴る，物を投げつけるなどの暴力行為を行うことである。教師に限らず，用務員などの学校職員も含んでいる。

　〈例〉指導されたことに激高して教師の足を蹴った，教師の胸倉をつかんだ，教師の腕をカッターナイフで切りつけた，養護教諭目掛けて椅子を投げつけた，定期的に来校する教育相談員を殴った

②生徒間暴力

　教室内で同級生とけんかになり殴り合う，部活動で上級生が下級生を叩くなど，児童生徒間で行われる暴力である。

　〈例〉部活動中に上級生が下級生に対し指導と称して清掃道具でたたいた，遊びやふざけを装って特定の生徒の首を絞めた，双方が顔見知りで別々の学校に在籍する生徒同士が口論となり身体を突き飛ばした

③対人暴力

　下校中に地域の住民に危害を加えたり，他校の生徒とけんかになり怪我を負わせたりするなど，教師および生徒間暴力以外に行われる暴力である。

　〈例〉学校行事に来賓として招かれた地域住民に足蹴りをした，偶然通り掛かった他校の見知らぬ生徒と口論になり殴ったり蹴ったりした，登下校中に通行人に怪我を負わせた

④器物損壊

　学校の窓ガラスを割る，体育用具を壊す，壁にスプレーで落書きをするなどの行為を行うことである。

　〈例〉教室の窓ガラスを故意に割った，トイレのドアを故意に壊した，補修を要する落書きをした，学校備品（カーテン，掃除道具等）を故意に壊した，他人の私物を故意に壊した

第2節　暴力行為の現状

1　暴力行為の発生件数

　文部科学省による2021（令和3）年度「児童生徒の問題行動等生徒指導上の諸問題に関する調査」では，令和2年度中に小・中・高等学校において発生した暴力行為は6万6,201件であり，児童生徒1,000人当たりの発生件数は5.1件であった。状況は「対教師暴力」が8,620件，「生徒間暴力」が4万7,416件，「対人暴力」が1,110件，「器物損壊」が9,055件であり，「生徒間暴力」が群を抜き71.6％を占めている。

　図5-1に，学校の管理下・課管下以外における暴力行為発生件数の推移を示した。発生件数の合計は，調査対象に国私立学校も含められた2006（平成18）年度から毎年増加し，2009（平成21）年度をピークに，2012（平成24）年度までほぼ横ばいの数字をたどってきている。その後，学校別に見ると，高等学校は横ばいの状況であり，中学校は減少傾向がみられている。しかし，小学校は，2015（平成27）年度から急激に増え続けて，2017（平成29）年度には中学校を

超え，さらに 2019（令和元）年度には過去最多の 4 万 3,614 件にまで至っている。10 年間でおよそ 6 倍にまで激増しており（現行方式で統計を取り始めた 2006（平成 18）年度以降で最高），憂慮すべき状況である。

　児童生徒 1,000 人当たりの発生件数も，中学校と高等学校は減少しているのに対し小学校は増えている。さらに加害児童の数も全学年で前年度より増加しており，特に小 1 が 3,335 人から 4,096 人（+761），小 2 が 4,311 人から 5,118 人（+807），小 3 が 4,914 人から 5,756 人（+842）へと大幅に増加している点は注目すべきである。

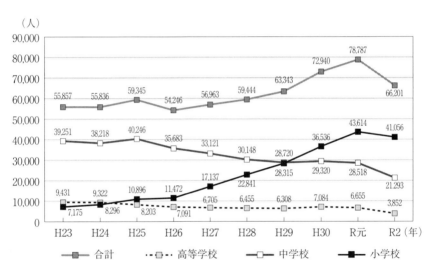

図 5-1　学校の管理下・管理下以外における暴力行為発生の推移
（文部科学省　2021 より作成）

2　暴力行為の要因

　暴力行為の発生の要因については，児童生徒の成育，生活環境，児童生徒が経験するストレス等が考えられる。また，最近の児童生徒の傾向として，感情を抑えられず，考えや気持ちを言葉でうまく伝えたり人の話を聞いたりする能力の不足などが挙げられ，同じ児童生徒が暴力行為を繰り返す傾向などが指摘されている。

こうした背景には，規範意識や倫理観の低下，人間関係の希薄化，家庭の養育に関わる問題，あるいは映像等の暴力場面に接する機会の増加やインターネット・携帯電話の急速な普及に伴う問題，若年層の男女間における暴力の問題など，児童生徒を取り巻く家庭，学校，社会環境の変化に伴う多様な問題があるものと考えられる。

3　小学校における暴力行為の増加と学校による認知

学校内の暴力行為の場合，発生件数は学校による「認知件数」を意味している。小中学校の暴力行為の件数を見ると，ともに2013（平成25）年度に急増したことが目立つが，これは大津市の中学生いじめ自殺事件や，それをきっかけとする「いじめ防止対策推進法」の制定などにより，いじめをはじめとする問題行動の把握や対応が厳格化したことが理由として挙げられる。

これまで暴力行為とまでは判断されなかった，小学校の低学年や中学年の子どもの乱暴な行動が，現在の小学校では暴力行為として「認知」されるようになったことが，発生件数増加の理由の一つとして考えられる。しかし，全校種の中で増え続けているのは小学校のみであり，増加の幅も大きいことから，現在の小学校は極めて深刻な状況にあると受け止めざるを得ない。その他の理由については，感情をうまくコントロールできない児童が増え，ささいなことで暴力に至ってしまう事案が増加していることなどが考えられる。その背景には，コミュニケーション能力に問題のある子どもの増加など，様々な要因があると思われる。また，発達障害を背景としたものも少なくなく，それぞれの症状によって抱える問題も多様であり，障害に対する困難さが適切に対処されない場合，二次的症状として暴力行為が行われることもある。

なお，学級担任制である小学校では，生徒指導関係の組織があっても，実際には学級担任のみが対応しているケースが少なくない。複雑化する子どもたちの問題行動に学級担任が一人で対応するのは困難であり，生徒指導・教育相談担当者や特別支援コーディネーターなどと協力すると同時に，専門家や関係者など学外とも連携し，個別の課題を明らかにした上で計画的に対処するなど，

学校全体で組織的に対応する体制づくりが小学校に求められている。

第3節　暴力行為に関する対応

1　指導体制の確立

　暴力行為への対応に当たり，教職員一人一人がそれぞれの持つ力を十分に発揮して，効果的な生徒指導を進め，解決を図っていくためには，全教職員が「どのような児童生徒に育てるのか」という目標を共通理解するとともに，その目標のもとで，生徒指導の方針や基準を定め，研修や日々の打合せで考え方や指導方法を共有し，一貫性のある指導，毅然とした対応を進めていくことが求められる。そして，未然防止や早期発見・早期対応の取組や家庭・地域社会等の協力を得た地域ぐるみの取組を推進するほか，関係機関と連携するなどして，指導体制を確立し充実させていく必要がある。その際，何よりも，教職員一人一人の自らの役割の自覚，教職員間の温かい人間関係と互いの信頼感が大きな力となる。

2　暴力行為に関する生徒指導の重層的支援構造

　文部科学省の「生徒指導提要」(2022)では，暴力行為への対応として，図5-2の通り生徒指導の重層的支援構造を示している。

(1) 第1層「発達支持的生徒指導」
①安全・安心でお互いを尊重し合う校内の雰囲気づくり

　暴力行為に関する生徒指導を行う前提として大切なのは，暴力行為を許容しない雰囲気づくりである。そのためには日頃からお互いを理解し，尊重し合える温かな学校の雰囲気づくりを進めていくことが大切である。そして，その上で，児童生徒の暴力行為については，警察等の関係機関と連携した対応をためらわないことを学校の方針として明確に示し，校内はもとより家庭や地域と共有することが重要である。

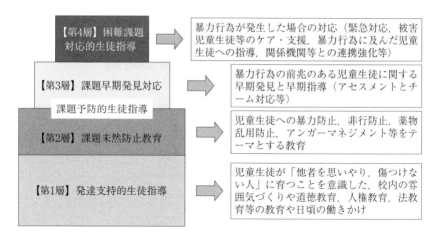

図 5-2　暴力行為に関する生徒指導の重層的支援構造
（文部科学省　2022）

②暴力行為をしない人に育つことを意識した働きかけ

　暴力行為をしない子どもの育成に当たっては，道徳教育，人権教育，法教育，情報モラル教育などや日々の挨拶，声かけ，対話などを通して，人への思いやり，助け合いの心，コミュニケーション能力を育むことが重要である。特にコミュニケーション能力の育成を通して，他人に配慮しながらも自分の言いたいことを伝えられたり，ストレスをためず怒りをコントロールできたりするようになることが期待されている。

（2）第２層「課題未然防止教育」

　暴力行為の未然防止をねらいとする教育としては，道徳科や特別活動などの時間と関連を図り，教職員による暴力や非行をテーマとした授業，外部講師による暴力防止，非行防止などに関する講話などを行うことが考えられる。その際，暴力行為は原則として非行に当たり，警察による捜査・調査，児童相談所による措置，家庭裁判所による処分などの対象になる可能性があることを指導したり，暴力行為が受けた人にどのような影響を与えるのか，児童生徒自身の

理解を促したりすることが重要である。こうしたことを意識しながら様々な機会を捉え，暴力行為の未然防止のための教育に取り組むことが大切である。

(3) 第3層「課題早期発見対応」

　暴力行為を防止するためには，粗暴な言葉，相手を殴るような素振りや壊れない程度に物を蹴るといった振る舞い，まだ暴力を伴わないいじめなど，児童生徒の前兆行動を早期に発見し対応することが重要である。

　早期発見のためには，児童生徒の行動や学校・学級全体の雰囲気の注意深い観察に加え，アセスメントの充実が必要であり，児童生徒の発達面はもとより，学習面，進路面，健康面，心理面，社会面（交友面），家庭面などを多面的に見るとともに，スクールカウンセラーやスクールソーシャルワーカーなどと連携しチームで様々な側面からアセスメントを試みる必要がある。

　早期対応に当たって重要なのは，これまで粗暴な言動としてしか表わせなかった児童生徒であったとしても，先入観や偏見をもたずに最後まで話を真摯に聴くことである。そして，その上で，介入が必要と認められる場合には，学習支援や進路指導の強化，保護者への働きかけ，児童生徒間の関係の調整，関係機関への相談，医療や福祉へのつなぎなど，チーム学校として，指導・援助を丁寧に行っていくことが重要である。

(4) 第4層「困難課題対応的生徒指導」

　暴力行為が発生した場合は，第一に暴力行為の被害を受けた児童生徒等の手当てと周囲の児童生徒等の安全確保が求められる。状況によっては，直ちに救急や警察に通報しなければならないが，たとえ緊急対応を要しない場合であっても，対応の在り方について早急に校長等の管理職の指示を仰ぐ必要がある。

　保健室での手当，暴力行為に及んだ児童生徒，被害を受けた児童生徒等，目撃した児童生徒等からの聴き取り，関係する保護者への連絡，暴力行為の現場の保全と記録，警察への相談などを早急，かつ確実に行うことが重要である。

第4節　家庭内暴力

1　家庭内暴力とは

　家庭内暴力とは，家庭の中で行われる暴力行為である。主に思春期の子ども
が家族に対して行う暴力を指し，以下の行為が単発的あるいは同時に行われる。
①身体への暴力　親を殴る，蹴る，ものを投げつける，刃物で傷つけるなど
②物への暴力　家の壁や家具やドアなどを壊す，火をつけるなど
③言葉の暴力　家族に対して罵詈雑言を浴びせるなど

　家庭内暴力は，児童生徒の学校生活へも大きな影響を及ぼすことから，教員
は十分に注意を向けなければならない問題である。日頃から保護者とのコミュ
ニケーションを大切にし，気軽に相談できる関係性を築いていく必要がある。

2　家庭内暴力の現状

　警察庁の「令和3年中における少年の補導及び保護の概況」(2022) による
と，少年による家庭内暴力はこの10年で2.5倍まで増加しており，2012 (平成
24) 年が1,625件であるのに対し，2021 (令和3) 年では4,140件となった（表
5-1)。なかでも中学生によるものが最も多く (1,745件，42.1%)，その対象は母
親が最も多かった (2,352件，56.8%)。また，原因は「しつけ等親の態度に反発
して (2,718件，65.6%)」が最も多く，次に「物品の購入要求が受け入れられず
(517件，12.4%)」，「理由もなく (309件，7.4%)」が続いている。なお，最も多
い「対象」は「母親」，「原因」は「しつけ等親の態度に反発して」であり，10
年間変わっていない。

3　家庭内暴力の予防と対応

　家庭内暴力は，家庭という介入の難しい場で行われるため，教員が行うこと
のできる予防・対応策は限定されるが，教員は学校において日頃より円滑な人
間関係の構築や集団生活のルールを指導するとともに，保護者と十分に連携し，

表 5-1　少年による家庭内暴力の学識別，対象別，原因，動機別件数の推移

		H24 年	H25 年	H26 年	H27 年	H28 年	H29 年	H30 年	R元年	R2 年	R3 年
	総数	1,625	1,806	2,091	2,531	2,676	2,996	3,365	3,596	4,177	4,140
学識	小学生	110	122	168	269	285	367	438	631	840	762
	中学生	720	805	947	1,132	1,277	1,385	1,545	1,525	1,768	1,745
	高校生	486	579	648	758	766	893	1,023	1,082	1,134	1,209
	その他の学生	44	41	55	80	70	82	72	100	119	152
	有職少年	63	83	102	99	114	103	109	108	131	118
	無職少年	202	176	171	193	164	166	178	150	185	154
対象	母親	935	1,066	1,291	1,484	1,658	1,861	2,042	2,187	2,430	2,352
	父親	152	154	172	263	253	329	341	403	532	533
	兄弟姉妹	119	154	155	223	218	239	300	329	417	453
	同居の親族	122	128	188	170	175	147	155	192	173	161
	物（家財道具等）	291	296	281	375	362	390	512	465	612	615
	その他	6	8	4	16	10	30	15	20	13	26
原因・動機	しつけ等親の態度に反発して	989	1,155	1,304	1,636	1,721	1,919	2,114	2,395	2,817	2,718
	非行をとがめられて	81	89	92	96	97	122	107	113	123	122
	物品の購入要求等が受け入れられず	169	168	261	225	335	336	562	431	485	517
	理由もなく	200	160	192	261	231	282	269	263	319	309
	勉強をうるさく言われて	47	47	67	104	100	137	88	124	153	147
	不 明	139	187	175	209	192	200	225	270	280	327

（警察庁　2022 より作成）

家庭内で暴力が発生した際の連絡先，相談先を確認しておく必要がある。また，暴力を受けた保護者は精神的に追い詰められていることが十分に考えられ，相談があった際には保護者に寄り添い親身に関わっていく必要がある。

第 5 節　体罰

1　懲戒と体罰

　2012（平成 24）年，大阪市の高等学校において，顧問の教員による体罰を背

景として生徒が自殺するという痛ましい事件が発生した。この事件を契機に，これまでにない規模で全国的に調査が行われ，潜在化していた体罰等の実態が明らかとなった。また，中学校と高等学校での体罰時の状況については，この事件のような部活動と授業中に多く発生することが明らかになった。こうしたことから運動部活動における暴力的な指導はもとより，スポーツ界における指導の在り方そのものが問われることになるなど，教員（指導者）から生徒に対する「体罰」が大きな社会問題へと発展した。

　学校教育法第11条では，「校長及び教員は，教育上必要があると認めるときは，文部科学大臣の定めるところにより，児童，生徒及び学生に懲戒を加えることができる。ただし，体罰を加えることはできない」としている。このように懲戒と体罰は法的に区別されており，体罰はどのような場合であっても禁止されている。文部科学省による「体罰の禁止及び児童生徒理解に基づく指導の徹底について（通知）」（2013）では，懲戒と体罰を以下のように区別している。

> (1) 教員等が児童生徒に対して行った懲戒行為が体罰に当たるかどうかは，当該児童生徒の年齢，健康，心身の発達状況，当該行為が行われた場所的及び時間的環境，懲戒の態様等の諸条件を総合的に考え，個々の事案ごとに判断する必要がある。この際，単に，懲戒行為をした教員等や，懲戒行為を受けた児童生徒・保護者の主観のみにより判断するのではなく，諸条件を客観的に考慮して判断すべきである。
> (2) (1) により，その懲戒の内容が身体的性質のもの，すなわち，身体に対する侵害を内容とするもの（殴る，蹴る等），児童生徒に肉体的苦痛を与えるようなもの（正座・直立等特定の姿勢を長時間にわたって保持させる等）に当たると判断された場合は，体罰に該当する。

（文部科学省　2021　体罰の実態把握について［令和2年度］より作成）

2　体罰の現状

　文部科学省による「体罰の実態把握について（令和2年度）」（2021）によると，体罰の発生率が最も多い学校は高等学校の3.51％で，次いで中学校の1.33％であった。また，体罰の被害を受けた児童生徒数は，中学校が229人，高等学校が394人で，いずれも発生率は0.01％とほぼ同率であった（表5-2）。

表 5-2　令和 2 年度における体罰発生学校数，および体罰の被害を受けた児童生徒数（国公私立）

	発生学校数（校）			被害を受けた児童生徒数（人）		
	発生学校数A	学校数B	発生率（A/B）	被害児童生徒数A	児童生徒数B	発生率（A/B）
小学校	123	19,525	0.63	225	6,300,693	0
中学校	135	10,142	1.33	229	3,221,219	0.01
義務教育学校	0	126	0	0	49,677	0
高等学校	175	4,991	3.51	394	3,299,012	0.01
中等教育学校	1	56	1.79	1	32,426	0
特別支援学校	18	1,149	1.57	21	144,823	0.01
合計	452	35,989	1.75	870	13,047,850	0.01

（文部科学省　2021　体罰の実態把握について［令和 2 年度］より作成）

3　部活動における体罰

　部活動中に発生した体罰は，2012（平成 24）年度の 2,022 件（中学校 1,073 件，高等学校 949 件）をピークに 2013・2014 年度と大きく減少し，その後も少しずつ減少し続けている。しかし，2020（令和 2 年）度にも 93 件（中学校 33 件，高等学校 60 件）発生しており，依然として根絶に至っていない（図 5-3）。

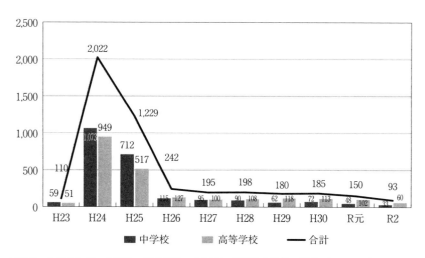

図 5-3　令和 2 年度　中学校・高等学校の部活動の体罰発生件数の推移（国公私立）
（文部科学省　2021　体罰の実態把握について［令和 2 年度］より作成）

文部科学省は，2012（平成 24）年度に発生した国公私立学校における体罰の件数が 6,700（部活動で 2,000）件を超えた現状について，これまでの体罰の実態把握や報告が不徹底だったのではないかと重く受け止めた。そして，2013（平成 25）年 8 月，各都道府県教育委員会，各都道府県知事，および国立大学法人学長等に対し，「体罰根絶に向けた取組の徹底について（通知）」を発出し，域内の市町村教育委員会や所管の学校，所轄の私立学校，および附属学校等に実態把握の結果について連絡するとともに，あらためて体罰根絶に向けた取組を点検し，さらなる強化を図るよう働きかけた。

　この通知を踏まえ，全国の教育委員会，学校等において，体罰根絶に向けた様々な取り組みが行われるようになり，現在に至っている。

4　体罰の背景

　体罰の背景には，フラストレーション，ストレス，モデリングや，個人・環境など複雑な要因が考えられる。しかし，教員（指導者）や先輩から行われるという図式において，体罰が学校内や家庭内の暴力と大きく異なるのは，受けた側が体罰に対する肯定的な態度を持つことがあるということである。通常の暴力では，暴力を受けた側の多くは身体的あるいは精神的苦痛を伴うが，体罰では「必要な体罰であった」「体罰があったから試合に勝てた」など，体罰そのものを肯定的に捉え，受け入れる場合があることが知られており，その傾向は，体罰を受けたことがない者に比べ，受けたことがある者の方がより顕著になる。このことは，体罰を受けた者が体罰に肯定的な態度をもち，その後，自らが指導者となったときに体罰を行ってしまう可能性があることを示している。これはいわば体罰の悪循環であり，現在行われる体罰が将来の体罰事件につながることにもなりかねない。

5　体罰根絶のために

　以上のように，体罰をしてしまう背景には体罰を容認する態度が新たな体罰を生むという悪循環が考えられ，体罰根絶のためにはこの悪循環を何としても

断ち切る必要がある。

　文部科学省が 2013（平成 25）年 8 月に発出した「体罰根絶に向けた取組の徹底について（通知）」を踏まえ，各都道府県教育委員会，都道府県知事，国立大学法人学長等は，校長および教員等を対象に実践的な研修を通して，体罰禁止の趣旨を徹底したり，必要に応じて体罰に関する懲戒処分の見直し等を行ったりするとともに，学校との連携のもと，継続的な体罰の実態把握に努めてきている。また，各学校は，指導が困難な児童生徒の対応を一部の教員に任せきりにしたり，特定の教員が抱え込んだりすることのないよう指導体制を確立し，指導教諭，生徒指導担当教員，部活動顧問の教員等による組織的な指導を徹底して行うよう努めてきている。

　2013（平成 25）年度以降，体罰の発生件数が減少傾向を示していることからも，こうした取り組みの成果が表れてきていると考えられるが，現在もなお，体罰を根絶するまでには至らず，今後も粘り強く取り組むことが求められている。

　また，スポーツの指導者はあらためて熱心な指導とは体罰をすることではなく，体罰は勝利のために不必要であるという認識を共有することが大切である。そして，部活動における体罰が社会問題化した以降，少しずつ広がり定着しつつある科学的な方法論に依拠した指導をより一層追求するとともに，生徒が自主的，自発的に参加し協働して取り組む部活動を創造していかなければならない。

▶文献

文部科学省　2013　体罰根絶に向けた取組の徹底について（通知）
文部科学省　2021　令和 3 年度　児童生徒の問題行動・不登校等生徒指導上の諸問題に関する調査
警察庁　　　2022　令和 3 年中における少年の補導及び保護の概況
文部科学省　2022　生徒指導提要（改訂版）

第**6**章

少年非行

第1節　少年非行とは

1　少年非行の定義

　「先生や親に反抗する」「喫煙や飲酒を繰り返す」「窃盗をしたり暴行をしたりなどの法律違反をする」といった児童生徒の行為は「少年非行」とよばれる。少年非行の問題には，学校のみならず，家庭や社会全体といった環境側の要因から，児童生徒自身のパーソナリティや発達などの個体要因に至るまで，様々な要因が複雑に影響し発現する。そのため，実際に対応を行なっていく現場の教師には，この問題を十分に理解した上で，適切な対策を講じることが求められるだろう。本章では，少年非行とはどのような行為なのか，またどのような種類があるのかを概観し，学校における対応ならびに連携による支援について解説する。

　「非行」とは，「行（おこな）いに非（あら）ず」と読むように，社会における法や規範から逸脱した行為を指す。広義には成人によるそのような行為も含まれるが，少年に対して限定的に用いられる場合は，特に「少年非行」という言葉が用いられる。非行を行う少年の法的な定義は，少年法第3条第1項において以下のように定められている。

　・犯罪少年：14歳以上で犯罪を行った少年

・触法少年：14歳未満で刑罰法令に触れる行為をした少年
・ぐ犯少年：保護者の正当な監督に服しないなどの事由が認められ，今後犯
罪少年や触法少年になるおそれのある18歳未満の少年

　このように，少年法における犯罪が成立する年齢は14歳が境目となる。

　ぐ犯少年の「ぐ」は「虞（おそれ）」という文字を当てており，将来的に犯罪行為をするおそれのある少年のことを示す。例えば，学校へ行かず，家にも帰らず，繁華街を徘徊し友人の家で寝泊まりをしている少年などが該当する。

　なお，2022（令和4）年に施行された「少年法等の一部を改正する法律」で改正された少年法においては，18歳以上の少年は「特定少年」と呼称され，同法が適用される。また，特定少年は民法上の成年であることから，ぐ犯を理由にした保護処分は行われない。

2　少年非行の推移

　令和3年版犯罪白書によると，戦後の少年非行には，いくつかの波があることが示されている。まずは昭和26年をピークとする波で，これは戦後の混乱と貧困による窃盗を中心としたものである。次に確認できるのは昭和39年をピークとする波，続いて昭和58年をピークとする波が現れるが，その後減少に転じている。また，平成8～10年および平成13～15年に一時的に増加するが，その後は減少し，現在に至るまで減少し続けている（図6-1）。同様に，不良行為少年の補導人員も年々減少している。

3　少年非行の内容

　令和3年版犯罪白書における「罪名別の少年による刑法犯検挙人員」を参照すると，最も数が多いのは窃盗であり，次に傷害，横領と続く。また，男子の総数は女子の5倍以上であることから，少年犯罪は男子によるものが多いことがわかるが，放火や窃盗，詐欺などは比較的女子比が高いことも示されている（表6-1）。また，警察庁による「令和3年中における少年の補導及び保護の概

① 刑法犯・危険運転致死傷・過失運転致死傷等
（万人）　　　　　　　　　　　　　　　　　　　　　　　（昭和21年～令和2年）

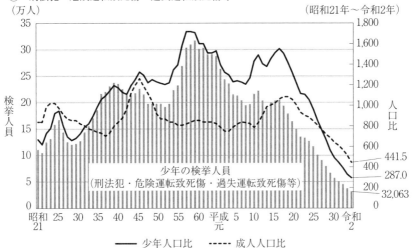

② 刑法犯
（万人）　　　　　　　　　　　　　　　　　　　　　　　（昭和41年～令和2年）

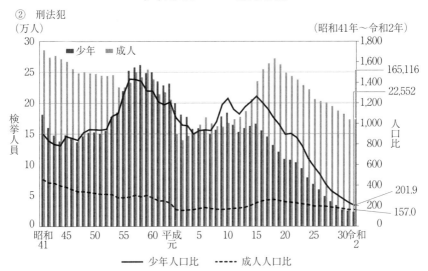

注　1　警察庁の統計，警察庁交通局の資料及び総務省統計局の人口資料による。
　　2　犯行時の年齢による。ただし，検挙時に20歳以上であった者は，成人として計上している。
　　3　触法少年の補導人員を含む。
　　4　「少年人口比」は，10歳以上の少年10万人当たりの，「成人人口比」は，成人10万人当たりの，それぞれの
　　　　検挙人員である。ただし，令和2年の人口比は，元年10月1日現在の人口を使用して算出した。
　　5　①において，昭和45年以降は，過失運転致死傷等による触法少年を除く。
　　6　②において，平成14年から26年は，危険運転致死傷を含む。

図 6-1　少年による刑法犯等　検挙人員・人口比の推移
（法務省　2022）

況」によると，触法少年の行為態様として最も多いのは，刑法犯少年と同様に窃盗であり，全体の約 6 割弱となっている。そのうち，万引きの割合が 4 割以上を占めている（図6-2）。同統計におけるぐ犯少年の補導人員のうち，「保護者の正当な監督に服しない性癖のある少年」が男女ともに 10 年間連続して最多である。これは，親に反抗し登校もせず，繁華街に入り浸っている少年などが該当する。

表 6-1　少年による刑法犯　検挙人員・少年比 （罪名別, 男女別）

(令和 2 年)

罪　名	総数		男子	女子	女子比	少年比
総　　　　数	22,990	(100.0)	19,299	3,691	16.0	12.3
殺　　　　人	51	(0.2)	45	6	11.8	5.8
強　　　　盗	344	(1.5)	313	31	9.0	20.8
放　　　　火	59	(0.3)	46	13	22.0	9.7
強 制 性 行 等	160	(0.7)	159	1	0.6	13.3
暴　　　　行	1,291	(5.6)	1,142	149	11.5	5.1
傷　　　　害	2,033	(8.8)	1,863	170	8.4	10.7
恐　　　　喝	395	(1.7)	349	46	11.6	25.6
窃　　　　盗	12,514	(54.4)	9,898	2,616	20.9	13.7
詐　　　　欺	715	(3.1)	585	130	18.2	8.6
横　　　　領	1,834	(8.0)	4,646	188	10.3	15.0
遺 失 物 等 横 領	1,812	(7.9)	1,626	186	10.3	16.3
強 制 わ い せ つ	420	(1.8)	410	10	2.4	14.4
住 居 侵 入	957	(4.2)	865	92	9.6	24.9
器 物 損 壊	833	(3.6)	744	89	10.7	15.7
そ の 他	1,384	(6.0)	1,231	150	10.8	10.6

注　1　警察庁の統計による。
　　2　犯行時の年齢による。
　　3　触法少年の補導人員を含む。
　　4　「強制性交等」は，平成 29 年法律第 72 号による刑法改正前の強姦を含む。
　　5　「遺失物等横領」は，横領の内数である。
　　6　（　）内は，構成比である。
（法務省　2022）

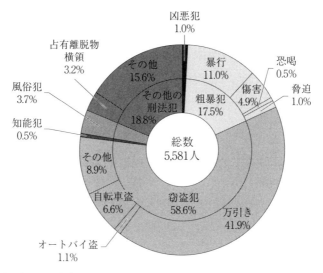

図 6-2　触法少年の行為様態別補導人員の構成比
（警察庁　2022a）

第 2 節　少年非行の種類

1　低年齢からの少年非行

　令和 3 年版犯罪白書における非行少年率を見ると，昭和 53 年〜 58 年生まれの世代は，そのピークが 16 歳であったのに対し，平成 8 年〜 13 年生まれの世代では，14 歳となっている。このことは，少年非行が低年齢化している可能性を示している。

　低年齢の非行としては，まず「初発型非行」が挙げられる。初発型非行とは，万引きや自転車／オートバイの窃盗，占有離脱物横領の総称である。この非行は，手口や動機が単純であるため，比較的初期段階に行われるものと考えられる。これらの非行と同時に，深夜はいかい，喫煙，飲酒，不健全娯楽，粗暴行為，家出などの不良行為が，小学生などの低年齢のうちから行なわれることも多い。これらの行為は，後にエスカレートし重大な非行につながることもある

ため，早期対応が必要である。

　低年齢からこのような逸脱的行動を示す児童生徒は，反抗的で攻撃的な態度が伴うことも多く，それにより友人・保護者・教師等との間における対人関係の不全や，自己肯定感の低下が起こることがある。このような児童生徒は，突発的に生じる情動を適切に抑えることができず，衝動的な行動を表面化してしまうという問題が存在する。そして，自らの攻撃性を高め，他者に意図的に攻撃することがある。攻撃行動は，反応的（敵意的）攻撃と，能動的（道具的）攻撃に分類される。前者は，自分が危険にさらされたと認識することや，思い通りにならないというフラストレーションをきっかけとして攻撃することであり，例えば服装を注意してきた先生に対して，カッとなり暴力をふるうことなどが挙げられる。後者は，自分の利益のために先制的に攻撃することであり，例えば同級生からお金をまきあげるために攻撃することなどである。

2　思春期・青年期の少年非行

　一般的に青年期とは12歳頃から20歳頃までを指し，思春期は児童期の後半から青年期の前半くらいを示すことが多い。思春期・青年期に入ると第2次性徴による身体的変化とともに，心理的にも急速かつ不安定に変化する時期を迎える。身体的には成熟する一方で，社会的，心理的には大人として扱われないこの時期は，様々な側面でアンビバレントな状態となり，少年非行などの問題行動も起こりやすくなる時期である。上述した初発型の非行はこの時期に発生数が増加するが，それが後にエスカレートしていくことが懸念される。

　また，この時期に増加してくる非行の一つに「性非行」が挙げられる。性非行はその内容に性差が大きく，男子の場合は強制性交等，強制わいせつ，痴漢，盗撮，性的いたずらなどの割合が多いが，女子は売春行為や援助交際などが多い。性非行には，少年自身のパーソナリティや家庭環境だけではなく，心身の発達や，大人あるいは社会環境との関連が相互作用的に影響するため，支援にあたっては多角的な観点で行う必要がある。

　エリクソンは青年期の発達課題を「自我同一性（アイデンティティ）の獲得」

とした。つまり青年期は，モラトリアムとよばれる猶予期間の間に「自分とは何なのか」，「自分はどのようなことをしていくべきか」といったことを自らに問い，その答えを見つけようと様々な経験をとおして試行錯誤していく時期である。その試行錯誤が，時には少年非行となって表現されてしまうことも少なくない。例えば，自分らしさを探していく中で学校生活に居場所を見つけられず，反社会的な組織に関わっていくというケースがある。また，この時期には，例えば勉強が難しくなり授業についていけなくなる，受験で失敗する，自分のミスでチームが試合に負ける，といった挫折を経験することがある。この経験が，少年非行につながってしまうこともある。

3　現代特有の少年非行

　少年非行は時代とともに変化するため，これまでは想像することもできなかったような種類の問題が起こることがある。学校教育現場の教員は，過去の常識の枠には収まらないような現代特有の少年非行が生じ得るということを理解し，常に注意しておく必要がある。

　村尾（2020）は，現代の非行の特徴として，「いきなり型非行」，「ネット型非行」，「特殊詐欺」の3つを挙げている。

（1）いきなり型非行

　内閣府による「平成20年度少年非行事例等に関する調査研究報告書（第三期）」では，いきなり型非行とは，「過去に非行歴がない少年が，突然に重大な非行を行ったケース」と定義されている。ここでの「重大な非行」とは，殺人，強盗殺人，強盗致死，傷害致死，保護責任者遺棄致死など，故意の犯罪行為により被害者を死亡させたもの（ただし，殺人および強盗殺人については，未遂も含める）である。この報告書では，いきなり型非行を以下の4つに分類している。

①親族関係型：父殺し，母殺し，きょうだい殺し，子殺し等

②異性交際関係型：異性交際のトラブルがあった場合

③学校・友人関係型：学校等において，教職員や友人との関係に問題があった場合

④関係不明型：被害者との関係性が全くない，あるいは，希薄である場合

　同報告書では，いきなり型非行の背景要因として，虐待や家族間の不和といった「家庭環境」，いじめ・挫折・孤立といった「学校生活・友人関係」，報道・書籍・インターネット上の情報等の「外部環境・各種情報」，「精神障害・発達障害」，「その他」が挙げられている。この非行は，一見突然行われたように見えてしまうが，実は前駆的な行動があり，それを周囲の人間が気づいていない，あるいは対処していないことで引き起こされるという指摘もある。

(2) ネット型非行

　ネット型非行とは，パソコンやスマートフォンの普及により，インターネット上で行なわれる非行のことである。LINE，Twitter，Instagram といった SNS 上で起こり得るものとしては，他者への攻撃やいじめを行ったり，個人情報を流布したり，詐欺などの犯罪行為へ加担したりすることが挙げられる。また，売春などの性非行においては，SNS 上で行われるだけではなく，マッチングアプリ等を用いたものもある。ネット型非行は匿名性が高く，その痕跡が残りにくい特徴があるため，対面で行なわれる非行に比べて罪悪感が形成されにくく，少年が容易に手を出してしまう非行でもある。

(3) 特殊詐欺

　特殊詐欺とは，オレオレ詐欺や預貯金詐欺，キャッシュカード詐欺などを含む犯罪行為であり，不特定多数の人から現金などを騙し取る行為である。特殊詐欺は，反社会的集団が組織的に関わり，犯罪行為の役割が細分化されていることが多い。その中でも「受け子」とよばれ，実際に現金等を受け取る役を少年が担ってしまうケースが，最も多く報告されている。受け子になった少年は，

その背後に存在する組織についてよく理解しておらず，「友人に頼まれたから」などの理由で気軽に引き受けてしまうことがある。そのため，犯罪に加担しているという意識が薄く，気づいたら重大な犯罪に巻き込まれていることも少なくない。

4　喫煙・飲酒・薬物乱用

　令和4年4月より，成年年齢が20歳から18歳に引き下げられたが，喫煙ならびに飲酒可能年齢は20歳以上に維持されている。20歳未満の喫煙や飲酒は，「ゲートウェイ・ドラッグ」とよばれ，後の薬物の乱用につながる入り口になってしまうことが指摘されている（文部科学省　2022）。近年では，ニコチンを含まない電子たばこやノンアルコール飲料などの新しい商品が販売されているが，これらも20歳以上でなければ購入することができない。しかし，20歳未満の者が何らかの手段でこれらの商品を手にし，使用することがきっかけとなり，実際の喫煙や飲酒を習慣化してしまう恐れもある。

　薬物乱用とは，ルールや法律から外れた目的で薬物を使用することである。1回の使用でも「乱用」であり，犯罪に該当する。乱用される薬物は，大麻，覚醒剤，合成麻薬などである。近年は特に，青少年による大麻の乱用が懸念されている。警察庁による「令和3年における組織犯罪の情勢」によると，大麻の検挙者数は，平成26（2014）年以降増加し，令和3年は5,482人と前年を上回り過去最多となった。その中でも20歳未満の検挙人数は，平成29年では297人であったのに対し，令和3年は994人と3倍以上に増加している（表6-2）。また同資料によると，初めて大麻を使用した年齢においては20歳未満が47.0％にも上り，12歳で使用している事例も存在する。これらのことから，青少年を取り巻く環境において，大麻が急速に浸透していると考えられる。

　学校において飲酒・喫煙・薬物乱用の問題に関する指導を行う際には，早期発見・早期対応の観点が重要であり，学校における教育活動全体で防止教育が行われる必要がある。そして，それらの問題が心身へ与える有害な影響について正しく理解するだけではなく，行為にいたるまでの個人の心理的背景やそれ

を助長する社会環境なども理解し，それに対する適切な対策の必要性を学ぶことが重要である。

表 6-2　大麻事犯　20 歳未満の年齢別検挙人員の推移

区分	年別		H29	H30	R元	R 2	R 3
大麻事犯	検挙人員		297	429	609	887	994
	年齢別	19 歳	129	185	294	430	463
		18 歳	84	128	164	238	288
		17 歳	49	68	97	136	158
		16 歳	28	26	42	65	64
		15 歳	6	18	11	15	17
		14 歳	1	4	1	3	4

（警察庁　2022b）

第 3 節　少年非行への対応と連携

1　学校における対応

　少年非行に対して，学校はどのような対応を行うべきであろうか。河村（2019）は，石隈（1999）の学校心理学における「3 段階の援助レベル」を，少年非行における生徒指導上の対応のあり方に適用している。

(1) 1 次的援助：全ての子どもが持つ発達上のニーズに対応する援助

　全ての児童生徒が，非行という行為を認識し理解することや，人権や社会ルールを守る生活習慣と責任感を確立するといった規範意識を養う。また，構成的グループエンカウンターやソーシャルスキルトレーニングなどをとおして，適切な対人関係を形成する能力を育成する。

(2) 2 次的援助：教育指導上配慮を要する子どもへの援助

　校則違反や遅刻，反抗などの段階から，喫煙，飲酒，万引き，深夜はいかい

などの段階にある児童生徒を対象に，非行の悪化を防止するために行う対応である。個別に指導してその場での行動を正すことを促すだけではなく，社会のルールに則った行動を行うことができるように，環境づくりや連携システムを構築していくことも必要となる。

(3) 3次的援助：特別な援助が個別に必要な子どもに対する援助

薬物乱用，援助交際，反社会的集団への所属などをした児童生徒を対象とし，さらなる悪化を抑止するために行われる。教師は，面接によって聴き取りを行い，正確で客観的な事実を把握することに努める。そして，複数人で構成されるチームにより，学校で可能な範囲の指導をすることが主な対応となる。この段階においては，警察などの関係機関とも十分に連携しながら，定期的に対応を行っていく。

2 連携による支援

少年非行の背景には，家庭問題があることも多いため，保護者との連携が重要になる。保護者から事情を聴く際には，まず丁寧に保護者の話を聴いた上で，決して保護者を責めているのではなく子どもを一緒に支援したいという姿勢を示し，信頼関係を構築することが大切である。

また，少年非行への対応を行う際，関係機関との連携も重要となる。生徒指導提要（文部科学省　2022）に示されている具体的な連携機関を表6-3にまとめた。実際に問題が発生した場合に連携を行う機関や，未然防止・早期発見のため日常的に学校と連携を行うべき機関もあるが，日頃から連携のための体制を構築しておくことが必要である。

さらに，学内においては，担当教員や一部の教員だけが問題を抱え込むのではなく，養護教諭やスクールカウンセラー，スクールソーシャルワーカー，支援員とも十分に連携し，学校全体が一つのチームとして対応していくことが望ましい。

表 6-3　連携すべき関係機関

分野	関係機関
福祉	児童相談所，児童自立支援施設，児童心理治療施設，児童養護施設など
捜査	警察，検察庁
司法	家庭裁判所
少年補導	警察，少年サポートセンター，少年補導センター，非行防止教室，被害防止教室，薬物乱用防止教室など
その他	法務少年支援センター，医療機関など

（文部科学省，2022 より作成）

▶文献

石隈利紀　1999　学校心理学——教師・スクールカウンセラー・保護者のチームによる心理教育的援助サービス　誠信書房

河村茂雄　2019　生徒指導・進路指導の理論と実際　改訂版　図書文化

警察庁　2022a　令和 3 年中における少年の補導及び保護の概況

警察庁　2022b　令和 3 年における組織犯罪の情勢【確定値版】

内閣府　2009　平成 20 年度少年非行事例等に関する調査研究報告書（第三期）

藤岡順子　2007　犯罪・非行の心理学　有斐閣

法務省　2022　令和 3 年版犯罪白書——詐欺事犯者の実態と処遇

村尾泰弘　2020　新版 Q&A 少年非行を知るための基礎知識——親・教師・公認心理師のためのガイドブック　明石書店

文部科学省　2022　生徒指導提要（改訂版）

第7章

児童虐待

第1節　児童虐待について

1　児童虐待の定義

　児童虐待とは，児童虐待防止法の規定によると「保護者（親権を行う者，未成年後見人その他の者で，児童を現に監護する者）が，その監護する児童（18歳に満たない者）について行う次に掲げる行為」として，「身体的虐待」「性的虐待」「ネグレクト（養育の怠慢・拒否)」「心理的虐待」の4種類に分類される（表7-1)。しかし，虐待の分類は便宜的なものであり，多くの事例においては，いくつかのタイプの虐待が複合しているため，注意が必要である。

2　児童虐待の要因

　児童虐待は，様々な要因が重なることで起こるものであるため，一部の特別な家庭でのみ起こる問題ではなく，どの家庭でも起こり得る問題であると認識することが重要である。表7-2は児童虐待が起こる要因について示したものであり，これらの要因がみられる場合は，児童虐待の可能性が高くなることから，注意深く見守ることが求められる。

表 7-1　児童虐待の種別と法的定義およびその例

身体的虐待	定義	児童の身体に外傷が生じ，または生じる恐れのある暴行を加えること
	例	殴る，蹴る，叩く，投げ落とす，激しく揺さぶる，やけどを負わせる，溺れさせる，首を絞める，縄などにより一室に拘束する　など
性的虐待	定義	児童にわいせつな行為をすること，または児童をしてわいせつな行為をさせること
	例	子どもへの性的行為，性的行為を見せる，性器を触る又は触らせる，ポルノグラフィの被写体にする　など
ネグレクト	定義	児童の心身の正常な発達を妨げるような著しい減食または長時間の放置，保護者以外の同居人による身体的虐待，性的虐待，心理的虐待と同様の行為の放置その他の保護者としての監護を著しく怠ること
	例	家に閉じ込める，食事を与えない，ひどく不潔にする，自動車の中に放置する，重い病気になっても病院に連れて行かない　など
心理的虐待	定義	児童に対する著しい暴言または著しい拒絶的な対応，児童が同居する家庭における配偶者に対する暴力その他の児童に著しい心理的外傷を与える言動を行うこと
	例	言葉による脅し，無視，きょうだい間での差別的扱い，子どもの目の前で家族に対して暴力をふるう（ドメスティック・バイオレンス：DV）など

（厚生労働省　2013　子ども虐待対応の手引きより作成）

表 7-2　児童虐待の要因

親の要因	育児不安や育児疲れ，配偶者等が家事や育児に非協力的で負担過重になっているストレス，望まない妊娠，情緒不安定，攻撃的な性格傾向，アルコール・薬物依存，精神疾患，養育者自身が被虐待の経験（愛情飢餓・世代間伝達・体罰信仰）
子どもの要因	未熟児，発達の遅れ，疾患，障害等による子育てや将来への不安
親子の関係	入院等による親子分離状態の長期化，自責感や養育不安，年相応の評価ができず過度の期待
家庭の状況	夫婦・家族不和，経済的困窮，借金失業，転居，若年結婚・出産，再婚，内縁関係
社会からの孤立	近隣との交流が無く，親・兄弟・友人等相談相手が身近にいない状態

（千葉県教育委員会　2020　教職員のための児童虐待対応の手引き）

3　児童虐待が子どもに及ぼす影響

　児童虐待が子どもに及ぼす影響については，虐待を受けていた期間，その態様，子ども年齢や性格等により様々であるが，虐待を受けた子どもには共通した特徴がみられる（表7-3）。例えば，虐待を受けた子どもは，耐え難い苦痛や，

表 7-3　虐待された子どもの特徴

身体的影響	打撲, 切創, 熱傷など外から見てわかる傷, 骨折, 鼓膜穿孔, 頭蓋内出血など外から見えない傷, 栄養障害や体重増加不良, 低身長などが見られる。愛情不足により成長ホルモンが抑えられた結果, 成長不全を呈することもある。身体的虐待が重篤な場合には, 死に至ったり重い障害が残る可能性がある。
知的発達面への影響	落ち着いて学習に向かうことができなかったり, 学校への登校もままならない場合がある。もともとの能力に比しても知的な発達が十分に得られないことがある。また, 虐待する養育者は子どもの知的発達にとって必要なやり取りを行わなかったり, 逆に年齢や発達レベルにそぐわない過大な要求をする場合があり, その結果として子どもの知的発達を阻害する。
心理的影響	対人関係の障害（他人を信用することができない）, 低い自己評価, 行動コントロールの問題（暴力的, 攻撃的, 衝動的）, 多動（落ち着きがない）, 心的外傷後ストレス障害, 偽成熟性（大人びた行動）, 精神的症状（解離など）。

（厚生労働省　2013　子ども虐待対応の手引き）

為す術のない無力感を味わうことで, 非常に低い自己評価を持つことが特徴的である。保護者から否定されることで, 他者を信じることができなくなったり, 自分の居場所がないと感じたり, 対人関係もうまくいかず, 深い悲しみと怒りが内在している。

　教職員は児童生徒の様子の変化や言動等から虐待を受けている可能性を把握しやすい立場であることから, 虐待を受けた子どもが示す特徴について理解することが必要である。また, 生徒指導上の課題で苦慮する児童生徒には, 虐待を受けた者が含まれている可能性があるため, その背景に虐待が潜んでいないか積極的に見つけ出すことが求められる。

第 2 節　児童虐待の実態

児童虐待の実態

　児童虐待の実態を把握するため, 1990（平成 2）年より児童相談所において対応した児童虐待相談対応件数が公表されるようになった。その初年である1990（平成 2）年の虐待相談対応件数は 1,101 件であったが, その後年々件数

が増えており，2022 年（令和 3）年には 207,659 件にまで増加している（図 7-1）。特に心理的虐待が増加しており（図 7-2），その要因としては，児童と同居する配偶者などに対する暴力事案を子どもが目撃することを心理的虐待として警察が児童相談所に通告することが増加していることや，マスコミによる児童虐待の事件報道等により，国民や関係機関が児童虐待に対して，意識が高まったことに伴う通告が増加していることが考えられる。また，被虐待者の年齢別構成割合としては，0 歳〜小学生以下が全体の約 80％を占めており，その主たる虐待者については，実母が 47.4％，実父が 41.3％であり，ほとんどが実親からである（図 7-3）。さらに，子どもの命が奪われるなどの重大な児童虐待事件も後を絶たず，2021（令和 3）年に警察が検挙した児童虐待事件の被害者児童数2,219 人のうち，54 人が死亡に至っている。

　児童虐待は，子どもの心身の発達および人格の形成に重大な影響を与えるとともに，将来の世代の育成にも懸念を及ぼすため，児童虐待の防止は，社会全体で取り組むべき重要な課題である。

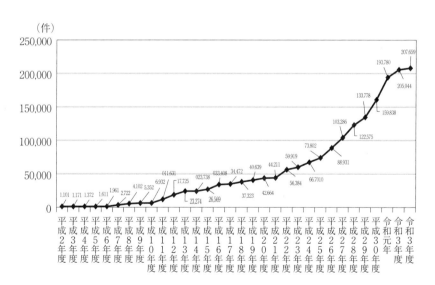

図 7-1　児童虐待相談対応件数の推移
（厚生労働省　福祉行政報告例より作成）

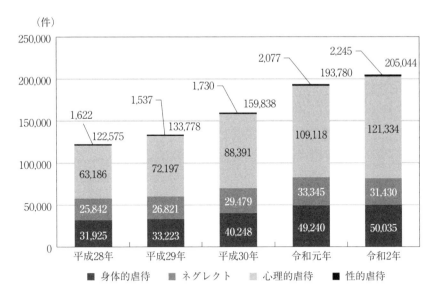

図 7-2 児童虐待の相談種別件数の年次推移
（厚生労働省 福祉行政報告例より作成）

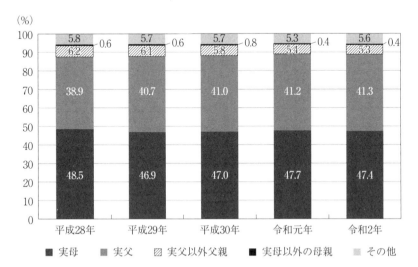

図 7-3 主たる虐待者別構成割合
（厚生労働省 福祉行政報告例より作成）

第 3 節　児童福祉法・児童虐待の防止等に関する法律

1　児童虐待防止法成立までの経緯

　我が国における児童虐待防止対策の主要な経過については表7-4の通りである。子どもに関わる法令は明治期から存在していたが，明確に児童虐待対策を掲げた法律が制定されるのは，1933（昭和8）年の児童虐待防止法（旧法）からである。その後，同法は1947（昭和22）年に制定された児童福祉法に内容が引き継がれることとなった。当時の児童福祉法は，児童虐待の定義が規定されていないことや，児童虐待に関する児童相談所の根拠があり，立ち入り調査，家庭裁判所の承認を得て行う児童の施設入所処置等が盛り込まれていた。しかし，児童相談所が立ち入り調査に消極的であることや，家庭裁判所への申立や承認に長期間を要することなどの理由から，有効に行使されていない状況であった。こうした状況が続いたものの，1989（平成元）年に国際連合総会で「児童の権利に関する条約」が採択されたことや，1990（平成2）年から児童相談所が対応した児童虐待相談対応件数が公表されたことによって，次第に世間から児童虐待が社会的問題として注目されるようになった。その後，1994（平成6）年には「児童の権利に関する条約」を日本も批准し，1997（平成9）年には児童福祉法が半世紀ぶりに改正され，1999（平成11）年には「児童買春・ポルノ禁止法」，そして，2000（平成12）年には「児童虐待の防止等に関する法律（児童虐待防止法）」が成立，施行されることとなった。その後，さらに防止対策を強化するために児童虐待防止法ならびに児童福祉法の累次の改正，民法などの改正が行われ，制度的な充実が図られてきた。

表 7-4　児童虐待防止に関する法律の制定・改正

年	法の制定・改正・時間等
1933（昭和8）	児童虐待防止法（旧法．14歳未満が対象）
1947（昭和22）	児童福祉法制定　翌年1月施行（旧法廃止）
1989（平成元）	国際連合総会「児童の権利に関する条約」採択
1994（平成6）	児童の権利に関する条約　日本批准
1997（平成9）	児童福祉法改正
1999（平成11）	児童買春・ポルノ禁止法
2000（平成12）	児童虐待防止法
2004（平成16）	児童虐待防止法改正 児童福祉法改正 　児童虐待の子どもの人権侵害性，面前DVを心理的虐待に，親子再統合促進 　市町村が第一義的子ども相談窓口，児相は高度に専門的な相談対応
2007（平成19）	児童虐待防止法改正 児童福祉法改正 　虐待通告後の安全確認義務化，臨検・捜索の新設，要対協の設置努力義務化
2011（平成23）	民法・児童福祉法等改正 　親権停止制度新設，2か月を超える一時保護の児福審の意見聴取
2016（平成28）	児童福祉法等改正 　子どもの権利の明記，家庭養育原則，子育て世代包括支援センター全国展開
2017（平成29）	児童福祉法改正 　2か月を超える一時保護の家庭裁判所の承認，審判前の指導勧告制度
2019（令和元）	児童虐待防止法改正 　親権者等の体罰禁止，介入と支援各機能の分離（児相），DV対策との連携強化

（久保・湯川　2021　児童虐待防止に関連した法律の改正にともなう新たな児童虐待防止の対策より作成）

2　親権者等による体罰の禁止規定

　従来，我が国においては，民法で親権者の懲戒権が認められていた。しかし，体罰が認められるか否かについては以前より議論されてきた。そのため，体罰は「しつけ」や「愛のムチ」ということで一部容認される風潮もみられた。

　近年の児童虐待に関する研究の成果などから，幼少期の体罰や不適切な養育は，子どもの心身に多大な悪影響を及ぼすことが明らかにされてきた。そこで，

2020（令和 2）年に施行された児童虐待防止法の改正により，親権者等による体罰の禁止が法制化され，子どもに対して行った暴力も犯罪として扱われるようになった。

第 4 節　学校における児童虐待対応

1　学校に求められる役割と責務

　学校や教職員は児童生徒に対して幅広く目配りができ，日常的な変化にも敏感に反応し，虐待を発見しやすい立場である。さらに子どもや保護者との信頼関係を生かした援助を提供しやすい立場にあることなどから，虐待の早期発見，早期対応に努めるとともに，児童相談所や市町村（虐待対応担当課）等へ通告や情報提供を速やかに行うことが求められている。学校・教職員に求められる主な役割については児童虐待防止法に定められている（表 7-5）。

表 7-5　学校・教職員に求められる役割

①虐待を受けたと思われる子どもについて，市町村（虐待対応担当課）や児童相談所等へ通告すること（義務）
②虐待の早期発見に務めること（努力義務）
③虐待の予防・防止や虐待を受けた子どもの保護・自立支援に関し，関係機関への協力を行うこと（努力義務）
④虐待防止のための子どもおよび保護者への啓発に務めること（努力義務）

（児童虐待防止法より抜粋）

2　児童虐待に対する学校の体制

　児童虐待に対応するためには，まず，児童虐待に関する正しい知識と適切な対応方法について理解する必要があり，「学校現場における虐待防止に関する研修教材」などの活用や，研修会や事例検討会を通して知識や適切な措置や支援を行うスキルの習得が求められる。また，児童虐待を受けたと思われる子どもを発見した際には，速やかに適切な機関を選択して通告する必要があるため，

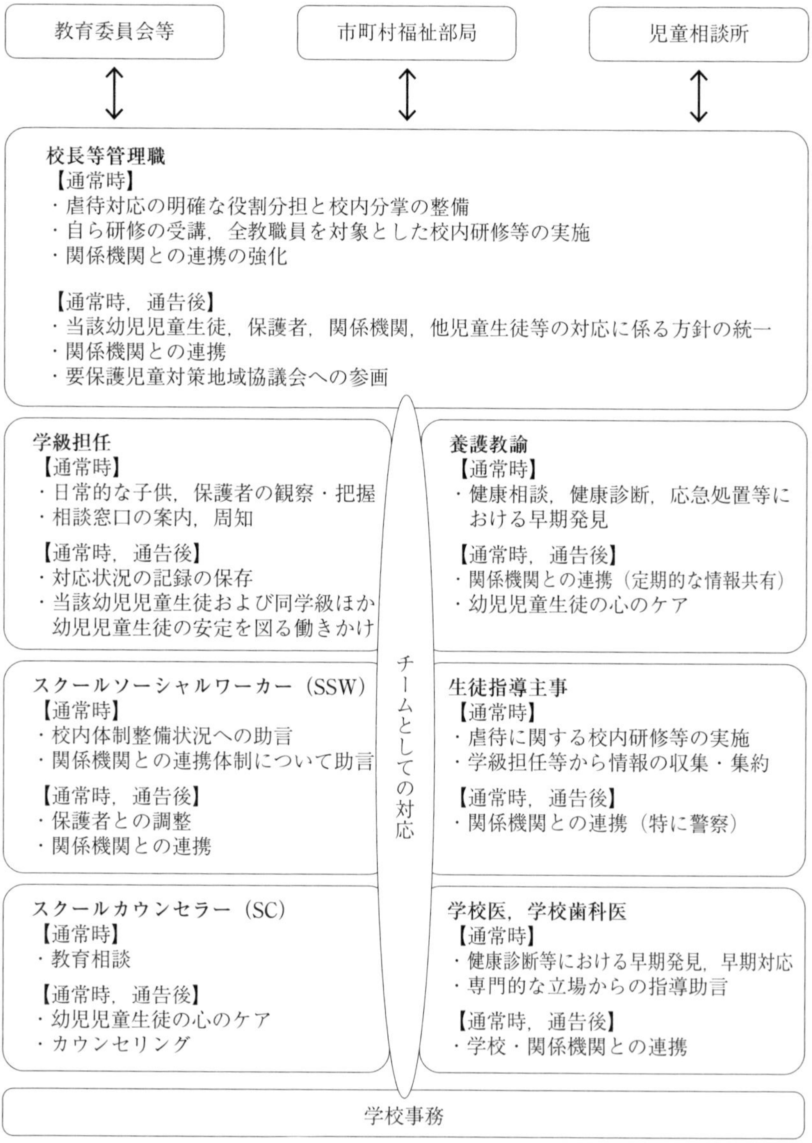

図 7-4　児童虐待への対応における役割

（文部科学省　2020　学校・教育委員会等向け児童虐待の手引き）

情報を共有し，組織として対応できるように学校の体制を整えておく必要がある。学校の体制としては，児童生徒への支援と保護者への対応に向けた組織的なアセスメント，要保護児童対策地域協議会（要対協）などを活用した関係機関との連携や事例検討会への参加，スクールカウンセラー（SC）やスクールソーシャルワーカー（SSW）の専門性を活用した体制を整える必要がある。さらに，児童虐待はその証拠や経過の記録，当該家族状況等に関わる情報を記録しておくことが重要であり，同時にそれらの個人情報が漏洩しないように留意する必要があるため，記録等の保管，管理体制を明確にしておくことも重要である。

　なお，「要保護児童対策地域協議会」とは，市役所，児童相談所，学校，警察，病院などで構成する協議会のことであり，略して要対協と呼ばれている。この議会では，支援の必要な児童（要保護児童）や家庭の情報を共有し，虐待されそうな子どもを早期に発見し，児童虐待を未然に予防しようというのが役割である。

3　チーム学校としての児童虐待対応の役割

　個々の教職員だけでは虐待に関する問題に対処することは極めて困難である。そのため，教職員は虐待と疑われる事案を発見・見聞きした際には，一人で抱え込まず，直ちに校長等管理職に相談・報告し，組織的な対応につなげていく（図7-4）。

第5節　児童虐待の通告と関係機関との連携

1　児童虐待防止法による通告

　児童虐待防止法では「児童虐待を受けたと思われる児童を発見した者は速やかに，これを通告しなければならない」と規定している。このことから，虐待の確証がないことなどから通告するか否かの判断に悩む場合でも，通告が遅れてしまうことにより，児童の生命や安全が脅かされることがあるため，積極的

表 7-6　学校が通告を判断するに当たってのポイント

1. 確証がなくても通告すること
   （誤りであったとしても責任は問われない）
2. 虐待の有無を判断するのは児童相談所等の専門機関であること
3. 保護者との関係よりも子供の安全を優先すること
4. 通告は守秘義務違反に当たらないこと
※虐待の確証がないことや保護者との関係悪化を懸念して，通告をためらってはならない
※通告を受けた市町村（虐待対応担当課）や児童相談所は，通告者に関する情報について保
　護者を含めて明かすことはない

（文部科学省　2020　学校・教育委員会等向け虐待対応の手引き）

かつ速やかな通告が必要となる。なお，通告を判断する際のポイントについて
は表 7-6 の通りである。

2　通告の流れと関係機関との連携

　学校・教職員は，虐待を発見した場合は，図 7-5 のような流れで児童相談所
や市町村（虐待対応担当課）に通告する。また，通告を行った際には，同時に
学校の設置者である教育委員会等にも報告する必要がある。そして，関係機関
と円滑に連携が取れるように，通告に関わる様々なことについても，後の資料
となるように記録しておくことが求められる。例としては，傷や症状がある場
合は，その大きさがわかるように写真を撮ることやイラストに残すこと，また，
児童生徒の発言内容は要約せず，そのまま書き残し，記録する。

3　通告後の対応

　通告後，児童相談所や市町村（虐待対応担当課）は安全確認や情報収集，調
査を行い，継続して調査を行う必要がある場合については，児童相談所などが
子どもの安全を確認，確保した上で，保護者への援助方針を立案し，それに基
づいて，電話や面接，訪問等を通じて保護者に指導助言，カウンセリング等の
ソーシャルワークを行うこととなる。そして，その過程の中で，保護者のもと
で養育させることができないと判断した場合は，児童相談所が「一時保護」

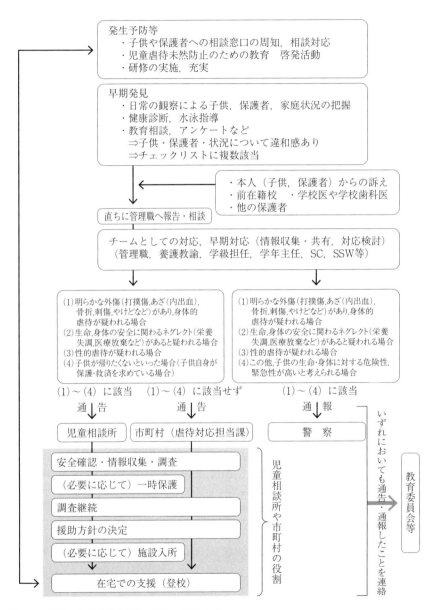

図 7-5　学校における児童虐待の流れ―通告まで―
（文部科学省　2020　学校・教育委員会等向け虐待対応の手引き）

「施設入所」などの措置を行うこととなる。これらの通告後の対応の流れは概ね図7-6の通りであり，児童相談所や市町村（虐待対応担当課）等から学校への個別の協力要請がくることもあるため，教師として協力することが求められる。

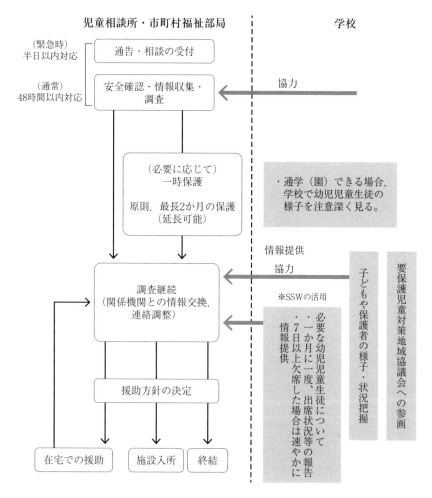

図7-6　通告後の対応
（文部科学省　2020　学校・教育委員会等向け虐待対応の手引き）

4　通告後の児童相談所との連携や一時保護等の対応

(1) 児童相談所等の「安全確認」や「情報収集」時の協力

　通告を受けて，児童相談所が子どもの安全確認を行う際，学校での子どもの様子などを確認する必要がある。学校は児童相談所等の専門職員からの聞き取りに対し，できるだけ詳しく状況を伝えるなど，児童相談所等と連携・協力することが求められる。

　また，児童相談所の一時保護から家庭に戻れない子どもたちは，年齢や状況によって異なるが，乳児院，児童養護施設，児童自立支援施設，自立援助ホームなどの施設や，里親など，家庭から離れて生活することになる。

(2)「一時保護」時の対応

　安全確認の結果，児童相談所が子どもの安全を確保する必要があると判断した場合，当該児童生徒は一時保護所などで一時的に保護される。子どもの安全確保のため，児童相談所の職権により保護者の意思に反して行われることもある。

(3) 学校に通学できない場合

　子どもの安全を確保するため，児童生徒を学校に通学させずに前述のように児童相談所の一時保護所等に保護することがある。保護期間中の学習機会の充実のため，児童相談所・一時保護所等と教育委員会と連携しながら必要な対応を行うことが求められる。この間相談・指導を受けながら学習するなど一定の要件を満たす場合，相談・指導を受けた日数は指導要録上出席扱いとすることができる。

(4) 一時保護から通学する場合

　保護者が子どもを連れ戻す恐れがないなど一定の安全が確保され，一時保護所から児童生徒が学校に通学してくる場合，子どもたちの不安を払拭するため，適切な声がけ等を行い，気になることがあれば，児童相談所や市町村（虐待担

当担当課）に相談し，連携する。

（5）一時保護解除後の対応

一時保護が解除され，通学できていなかった児童生徒が学校に復帰する際は，児童相談所から保護期間中の子どもの状況を十分に聞き，校内チームで情報を共有して共通理解を深めた上で，見通しを持った支援を行うことが必要である。また，一時保護解除後も当該児童生徒が普段と変わった様子がないか継続して注意深く見守っていくとともに，気になることがあれば児童相談所や市町村（虐待担当担当課）に相談し，連携する。

（6）「在宅での支援」時の対応

児童相談所や市町村（虐待担当担当課）による安全確認や援助方針の協議の結果，児童相談所による一時保護がなされず，在宅での支援がとられる場合も，学校は当該児童生徒が普段と変わったことがないか，注意深く見守っていくとともに，児童生徒の様子で気になることがあれば児童相談所や市町村（虐待担当担当課）に相談し，連携することが求められる。また，保護者が支援機関と疎遠になる場合，子どもにとっての危機のサインと捉え，学校，教育委員会，子どもから直接 SOS を出せるような方法を確認しておくことも重要である。

（7）出欠状況の把握，共有

学校等の長期間にわたる欠席は虐待のリスク情報として重要である。そのため，児童生徒が長期間欠席し，家庭訪問等を行っても本人と面会できない場合はその情報を，また，面会できた場合はその際の児童生徒の様子等を確認し，必要に応じて関係機関と情報共有して対応することが重要である。学校は保護者や子どもに異変がないか，校内チームで多面的に見守りつつ，要保護児童対策地域協議会（要対協）に参画するなど学校として必要な支援・対応を行う。

（8）施設入所等における転校・進学時の情報の引き継ぎ

　児童相談所が施設入所や里親家庭へ委託する措置を決めた場合，学校は当該施設等と連携するほか，施設等に近い学校への転校手続きも必要となる。転校する場合は，教育委員会と連携しながら転出先の学校と必要な情報共有を行う。

(9) 要保護児童等への対応

　要保護児童対策地域協議会（要対協）の進行管理台帳に登録された児童生徒が在籍する学校関係者は，要保護児童対策地域協議会（要対協）への参加が求められることがあり，その際には児童生徒の様子等を報告することとなる。また，児童相談所や市町村（虐待担当担当課）の求めに応じて，以下の①〜③の情報の提供を行う必要がある。

①毎月1回，出欠状況や家庭からの連絡の有無，欠席理由等について書面にて情報を提供する。

②当該児童生徒が学校を欠席する旨やその理由について説明を受けている場合であっても，休業日を除き引き続き7日以上欠席した場合は速やかに情報を提供する。

③上記以外でも，不自然な外傷，理由不明または連絡のない欠席が続く，当該児童生徒から虐待に関する証言が得られた，帰宅を嫌がるなど，新たな虐待の兆候や状況の変化等を把握した際には，情報提供または通告を行うこと。

▶文献

厚生労働省　2020　体罰等によらない子育てのために〜みんなで育児を支える社会に〜
内閣府　2022　令和4年版　子供・若者白書
文部科学省　2020　学校・教育委員会等向け虐待対応の手引き
文部科学省　2022　生徒指導提要（改訂版）

第 **8** 章

自殺

　1998（平成 10）年以降，我が国では壮年期の男性を中心とした年間自殺者数
が 3 万人を超え，深刻な社会問題となった。その後，ほぼ 2 万人まで全体の自
殺者数は減少してきているものの，児童生徒の自殺者数は年間 300 人前後で
推移し，自殺率はむしろ増加している。さらに，2020（令和 2）年から世界的
に流行した新型コロナウイルス感染症拡大により，その状況はさらに悪化した。
　こうした現状を受け，児童生徒の命を守るためにできることは何かという問
いが，学校現場に投げかけられている。

第 1 節　児童生徒の自殺の実態

1　我が国の自殺の実態

　日本の年間自殺者数は，2003（平成 15）年に 34,427 人と過去最高となり，
2006（平成 18）年には「自殺対策基本法」が制定され，最も自殺者数の多い働
き盛りの中高年のうつ病対策などの取り組みが進められた。その結果，2021
（令和 3）年の自殺者数は 21,007 人まで減少した。しかし，全体の自殺者数が
減少している中で，小中高校生の自殺者数は年間 300 人前後を推移し，新型コ
ロナウイルス感染の感染拡大があった翌年の 2020（令和 2）年には，479 名と
増加している（図8-1）。10 〜 20 代の若者においては，どの年齢層でも，自殺
は死因の 1 位になっている（表8-1）。

　このような状況のなかで，2016（平成 28）年には「自殺対策基本法」が改正され，学校は，保護者や地域関係者との連携を図りつつ，当該学校に在籍する児童生徒に対し，心の健康保持に関わる教育や啓発を行うよう努めるものとされた（第 17 条第 3 項）。さらに，翌年には「自殺総合対策大綱」において，ストレス対処方法を身につけるための SOS の出し方に関する教育の推進が求められ，学校における自殺予防教育への取り組みが努力義務となった。これらを

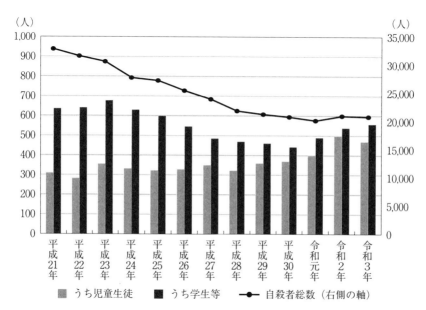

図 8-1　自殺統計
（警察庁「自殺統計」よりいのち支える自殺対策推進センター作成）

表 8-1　若者の死因

年齢	第 1 位	第 2 位	第 3 位
10 〜 14	自殺	悪性新生物	不慮の事故
15 〜 19	自殺	不慮の事故	悪性新生物
20 〜 24	自殺	不慮の事故	悪性新生物
25 〜 29	自殺	悪性新生物	不慮の事故

（令和 3（2021）年人口動態統計月報年計（概数）の概況を参照して作成
https://www.mhlw.go.jp/toukei/saikin/hw/jinkou/geppo/nengai21/dl/gaikyouR3.pdf）

受けて，文部科学省から学校における自殺予防についての具体的な考え方や対応の仕方などを明記したいくつかの資料が出されている（表8-2）。

表8-2　学校における自殺予防に関する資料等（文部科学省）

2009（平成 21）年	「教師が知っておきたい子どもの自殺予防」文部科学省
2010（平成 22）年	「子どもの自殺が起きたときの緊急対応手引き」文部科学省
2014（平成 26）年	「子供に伝えたい自殺予防－学校における自殺予防教育導入の手引－」
2016（平成 28）年	児童生徒の自殺予防に係る取り組みについて（通知）
2020（令和 2）年	コロナ禍における児童生徒の自殺等に関する現状について（通知）
2022（令和 4）年	児童生徒の自殺対策について（通知）

2　児童生徒の自殺

（1）児童生徒の自殺の現状

　大人の自殺が減少してきているのに対し，児童生徒の自殺は増加している。特に，新型コロナウイルス感染症が世界的に流行したコロナ禍であった2020（令和2）年には，過去最悪となる479人（小学生14人・中学生136人・高校生329人）が自ら命を絶っている（翌年は314人に減少している）。

　一斉休校によって日常が奪われ，卒業式や入学式，スポーツ大会などのイベントは中止となった。小・中・高等学校の不登校生徒数は急増し，30万人に迫った（「令和3年度（2021年度）児童生徒の問題行動・不登校等生徒指導上の諸課題に関する調査（文部科学省）」）。「いつもと違う日常」がストレスとなり，子どもたちのこころに大きな影響をおよぼした。

（2）児童生徒の自殺の特徴

①自殺の原因

　自殺の原因の多くは，本人が抱えている素地や要因にさまざまな問題が複雑に絡み合い，危険が高まったところに，直接動機となる事柄がきっかけになって実行すると考えられる。厚生労働省が，警察庁の原因・動機別自殺者数の2009～2018年の10年間の累計をまとめた結果によると，小学生は「親子関

係の不和・家族からのしつけや叱責」，中学生では「学業不振や友人との不和」，高校生になると「学業不振や進路問題・うつ病や統合失調症などの精神疾患に関する健康問題」が原因の上位となる。

　児童生徒の自殺というと，いじめの有無に焦点が当てられることが多いが，いじめは自殺の原因や動機に占める割合の上位ではない。先にも述べたが，実際には様々な要因が複雑に関連して生じる現象である。もちろん，自殺がいじめに起因する疑いがあるときは「重大事態」として，事実関係を明確にするための調査をすることが義務づけられている（「いじめ防止対策推進法（2013）」）。

②自殺の危険因子

　具体的な行動に移すか否かは別として，人間はつらさや苦しみを感じたとき「死にたい」という言葉を口にすることがある。特に小学校高学年からの思春期には，自分について真剣に考え，どう生きていくかを悩み始めるからこそ，その裏返しとして，こうした言葉が出やすい傾向がある。しかし，多くの場合は，しんどさを「わかってほしい」という正常な心理の反応の表出であるため，丁寧な教育的配慮があれば，対応可能である。

　一方，精神疾患のように病的な脳の反応として脳の機能不全を生じている場合には，医療につなげる必要がある。また，発達障害にも配慮が必要であり，きっかけは正常な反応でも，こだわりや衝動性から，その後の行動が二次的に激しく極端な形で現れる場合がある。そもそも，病気や特性があるということは，基本的な敏感さ，耐性や思考の柔軟性の低さが存在すると考え，接する上で留意する必要がある。

　いずれにしても，危険因子（表8-3）が多く当てはまる児童生徒には潜在的に自殺の危険が高まる可能性があるので，早い段階で，専門家からの助言を受けられるように働きかけることが大切である。

表 8-3　自殺の危険因子

自殺未遂歴	自らの身体を傷つけた（リストカット・過量服薬）ことがある
心の病気	うつ病，統合失調症，摂食障害など
安心感の持てない家庭環境	虐待，親の心の病，家族の不和，過保護・過干渉など
独特の性格傾向（特性）	完全主義，二者択一思考，衝動的など
喪失体験	本人にとって価値あるものを喪う経験
孤立感	特に友だちとのあつれき，いじめにより自分の居場所を失う
事故傾性	自分の健康や安全が守れない無意識の自己破壊行動

第2節　自殺の危機が高まった児童生徒への気づきと対応

1　早期発見

　児童生徒の自殺の危険サインに早期に気づくためには，わずかな変化も見逃さないように，児童生徒の様子をきめ細かく観察することが求められる。その際には，教職員一人一人が自殺予防に関する意識を持ち，児童生徒の言動をその観点で捉える姿勢が重要となる。

　児童生徒の自殺の背景には，死を求める気持ちと生を願う気持ちという両価性があり，両者の間で激しく揺れ動く。自殺のサイン（表8-4）は，こうした心の危機の叫びでもある。決して，表面的な言動だけに捉われず，笑顔の奥にある絶望を見抜くことが必要である。これらは，特に思春期であればそれほど珍しくないと思われるものもある。

　大切なのは，その児童生徒の日常をしっかりとらえた上で，何らかの違和感を覚えたときには，迷わずに関わることである。この時期は，内面の葛藤や悩みは誰にも話せないと過剰に意識し，自分だけの世界に閉じこもってしまうこともある。このような心理状態こそが最も危険であることを心に留めておくことも必要である。

表 8-4　自殺直前の危険行動に関するサイン

「自殺」に関わること	重要な人の自殺を経験する
	自殺をほのめかす
	自殺計画の準備を進める
	自殺についての文章を書いたり，自殺についての絵を描いたりする
	別れの用意をする（整理整頓，大切なものをあげる）
激しく派手な問題行動	家出や放浪をする
	過度に危険な行為に及ぶ
	自分より年下の子どもや動物を虐待する
	乱れた性行動に及ぶ
	アルコールや薬物を乱用する
	自傷行為が深刻化する
本人の不調や変化	不眠，食欲不振，体重減少など身体の不調を訴える
	不安やイライラが増し，落ち着きがなくなる
	注意が集中できなくなる
	投げやりな態度が目立つ
	身だしなみを気にしなくなる
	健康や自己管理がおろそかになる
	引きこもりがちになる
	いつもなら楽々できるような課題が達成できない
	これまでに関心のあった事柄に対して興味を失う
	成績が急に落ちる

2　対応の原則

　児童生徒の自殺の危険が迫っていると気づいたら，その変化の背景にある意味を丁寧に理解しようとすることが大切である。死にたいと訴えたり，自傷をしていたりすることがわかったら，過小評価せずに，しかし，恐れすぎることなく，教職員から積極的に関わるようにしたい。実際の対応では「TALK の原則（表 8-5）」に基づいて，説得や禁止ではなく，受容的な態度で児童生徒の苦しい気持ちを受け止めるよう傾聴に努めることが大切である。気にかけていることを伝え，思いを受け止め，守ってくれる支援者に出会えることで，子どもは初めて SOS を出すことができる。

表8-5 TALKの原理

Tell	言葉に出して心配していることを伝える
Ask	「死にたい」という気持ちについて率直に尋ねる （自殺の危険を評価し，予防の第一歩になる）
Listen	絶望的な気持ちを傾聴する （話をそらしたり，叱責や助言などをしたりせず， 子どもの訴えに真剣に耳を傾ける）
Keep safe	安全を確保する （危険と判断したら，子どもを一人にせずに寄り添う。 一人で抱え込まず，他からも適切な援助を求める）

3 対応の留意点

　自殺について扱うことは，専門家といえども一人で抱えることができないほど重く，かつ困難な問題である。教師は児童生徒を教え育む専門家であり，精神保健は専門ではない。それゆえに，自分の限界やできないことは何かを知っておくことが重要である。自殺予防において，教員は家族に次ぐ「ゲートキーパー」（悩んでいる人に気づき，声をかけてあげられる人）として重要な位置を占める。危機の発見や支援ができるように，日頃から児童生徒と信頼関係を築くことが必要である。対応に際しては，以下のことに留意して取り組むようにしたい。

（1）一人で抱えこまない

　一人でできないことでもチームで当たれば，乗り越えられることがある。多くの視点から多角的に子どもを見ることで児童生徒に対する理解を深めるとともに，共通理解を得ることで教師自身の不安感の軽減にもつながる。平常時から，校長を含む管理職・生徒指導・教育相談・学年主任・養護教諭・スクールカウンセラー（以下，SCとする）・スクールソーシャルワーカー（以下，SSWとする）などを主たるメンバーとした「危機対応チーム」を結成し，危機管理体制について話し合っておくとよい。また，学内だけではなく，精神科等の医療機関や児童相談所等の福祉機関などとの連携を図る必要がある。

（2）急に子どもとの関係を切らない

自殺の危険の高い子どもと親身になって関わっていると，しがみつくように依存してくることも少なくない。また，人間関係における不信感が根底にあり，助けてほしいと思いながらも否定的な感情や態度を表すこともある。そのような行動に振り回されないためには，連絡先を限定して，プライベートにまで影響がおよばないようにするなど，無理をしすぎず，継続して関われるような枠組を事前に設けておくことが大切である。支援者として教師自身がつぶれてしまえば，ようやくつながった関係性を急に切ってしまうことにもなり，信頼関係が壊れ，心を閉ざしてしまったり，自殺のリスクを高めたりすることになる。

（3）「秘密にしてほしい」という子どもへの対応

児童生徒が恐れているのは自分の秘密が知られることではなく，それを知った際の周りの反応である。過剰に心配されたり，驚かれたりするような反応にも，大したことないと軽視されたり，無視されたりするような態度にも，どちらにも深く傷つくことになる。本人を守るためにも誰にも言わないという約束はせず，一人だけでなく一緒に相談できる相手がいた方がいいことを伝え，本人に直接，誰ならば話してもいいか聞いてみることも有効である。守秘義務の原則に立ちながら，どのように校内で連携し，共通理解が図れるかが大きな鍵となる。

（4）軽微なケースへの対応

リストカットなどの自傷行為は，次に起こるかもしれない自殺の危険を示すサインであるということを肝に銘じて，慌てず，しかし，真剣に対応していくことが大切である。子どもは，「死にたい」と思ったことがあるという経験を持つことが多いが，成人に比べて精神疾患の関与がはっきりしない。自殺の背景には「耐えられない・逃げられない・果てしなく苦痛が続く」という苦しみからの解放を求める心情がある。それに対し，自傷は「一時しのぎ・生き延びるため」の苦しみに満ちた世界に耐え忍ぶためにする。しかし，自傷が繰り返

されることにより，身体の痛みに対する慣れや，自分の居場所がないという孤独感，自分が生きていることが周囲の迷惑になっているという負担感が高まると自傷は自殺へと方向を変えていく。

自傷に関わるときには，「自傷をやめなさい」と言うことをやめ，穏やかで冷静に対応することが必要である。傷の手当てを丁寧にし，自傷の肯定的な面に共感しながらも，エスカレートしていくことに対する懸念は伝えておく。自傷をする児童生徒のなかには，親に内緒にしてほしいと訴えることがある。その背景には，親子関係の悪さや親のとる反応への恐れがあることも覚えておきたい。難しい問題ではあるが，子どもとの信頼関係を大切にしながら，親にはその事実を慎重に伝えることが望ましい。

第3節　児童生徒の自殺予防

1　自殺予防の3段階

学校における自殺予防は，自殺予防教育や教育相談活動などの「未然防止」，自殺の危機にいち早く気づき，迅速かつ適切に対処する「危機介入」，不幸にして自殺が起きてしまったときの「事後対応」の3段階から構成される（表8-6）。この3段階の取り組みが相互に連動することで，包括的な自殺予防が可能になる。

「未然防止（プリベンション）」は，全ての児童生徒を対象とした予防教育である。2016（平成28）年の自殺対策基本法の改定において，児童生徒のこころの健康を保持するための教育と啓発を行うこととされている。この未来を生き抜く力を育む教育としての自殺予防教育実施の前提として，関係者の合意形成や，発達段階に合わせた適切な教育内容を検討することが必要である。また，アンケートなどで発見されたハイリスクの子どもの存在に配慮し，フォローアップも大切である。

「危機介入（インターベンション）」は，希死念慮や自傷，自殺企図直後の処置やこころのケアといった取り組みである。児童生徒が自殺をほのめかしたり，

表8-6　学校における自殺予防の3段階

1次予防　未然防止 〈プリベンション〉	全ての児童生徒を対象とした自殺予防教育 「早期の問題認識」「援助希求的態度の育成」 日常的な生徒把握（家庭状況・学校生活・特性） 危機管理体制の充実（危機対応チームの組織）
2次予防　危機介入 〈インターベンション〉	自傷・希死念慮・自殺企図への早期対応 情報共有を目的としたケース会議 児童生徒とのTALKの原則を重視した関わり SCやSSWによるカウンセリング 保護者や医療機関との連携
3次予防　事後対応 〈ポストベンション〉	自殺が起きてしまった時の危機対応とこころのケア 遺族・児童生徒・保護者・教員などの関係者ケア 再発防止・外部の専門家との連携強化

深刻な自傷行為におよんだり，遺書のような手紙を残して家出をしたりといっ
た状況は，自殺やその他の重大な危険行為の予兆段階である。校長をリーダー
とする危機対応チームを組織し，危険度に応じた対応をする（リスクマネジメ
ント）。実際に自殺や自殺未遂が発生した場合には，教育委員会や専門家，関
係機関のサポートも受けながら，全教職員の力を結集して対応する（クライシ
スマネジメント）。

　「事後対応（ポストベンション）」は，不幸にも自殺が起きてしまった時の危
機対応とこころのケアである。校内の危機対応チームを核に，教育委員会，関
係機関との連携・協働に基づく危機管理チームを立ち上げ，関係者へのケアも
含む危機管理態勢を速やかに構築する。遺族への丁寧な関わりに努めるととも
に，情報を収集・整理・共有する。

2　自殺予防のための校内体制

　児童生徒の危険のサインに早期に気づくためには，わずかな変化も見逃さな
いように，日頃からきめ細かく観察することが大切である。そして，問題に気
づいたら，その情報を職員室で話題にできる雰囲気があることも重要である。

生徒指導会議等で，養護教諭，教育相談係や特別支援教育コーディネーター，SCやSSWなどの担当が参加し，日常的に気になる児童生徒について自殺予防の視点で情報共有しておくことも，いざという時にスムーズな動きにつながる。

　学校の事情に合わせて，校内の危機対応チームを中心に組織的に協働できるように情報共有，役割分担，予防教育，地域の外部機関についてなど，危機管理体制について話し合っておきたい（図8-2）。

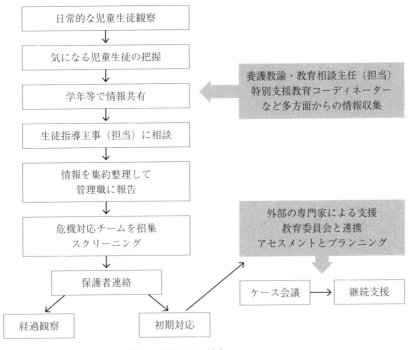

図8-2　自殺の危険が高まった場合・自殺未遂の対応

3　自殺予防のための学外連携

（1）保護者との連携

　学校が児童生徒の自殺の危険を把握した場合に，保護者との協力体制を築く

ことは重要である。学校は，家庭と協力して児童生徒を守るという姿勢や支援体制について伝え，対応する窓口が担任に集中しないよう，事前に共通理解を図る。保護者によっては，自分を責めたり，他者から責められているように感じたりすることもある。また，子どもの危機を受け止めて対応する力に欠けていたり，虐待など関係そのものが自殺に関わっていたりする場合も考えられる。家庭環境の影響は大きいため，子どもだけでなく保護者を含めた支援ができるような福祉機関との連携も必要になる。

（2）外部機関との連携・協働

　学校において，関係機関との連携をより効果的に進めるために，地域の関係機関とのネットワークを機能させることも重要となる。そのためには，日頃から顔の見える関係をつくり，養護教諭など連携のつなぎ役の存在が欠かせない。

　自殺の危険が高い児童生徒への対応においては，医療機関との連携が不可欠となる。医療につなげるときには，本人の同意と保護者の意思が大切であり，受診を強要したり，急がせたりすることは必ずしもいい結果を得られるわけではない。医療機関には守秘義務があり，保護者の許可なく医療からの情報を得ることはできないため，保護者との連携を基礎とする。

第4節　自殺予防教育

1　自殺予防教育導入の下地づくり教育

　児童生徒が安心して学び，生活できる学校環境を整えることが不可欠である。自殺予防教育を進める上での「土台」として，児童生徒が困ったときに相談できる教職員との信頼関係，気軽に相談できる居場所など，「安全・安心な学校環境」づくりが求められる。何より重要なのは，児童生徒の些細な言動の変化からその心理状態に気付き，受け止める力を教員が身につけることである。

　学校の教育活動には，命の教育を進めるための下地作りとなる機会も多い。道徳教育や特別活動との関連も図りながら，日頃，実施している教育活動の中

に自殺予防教育の下地づくり（図8-3）となる内容が多く含まれていることを認識し，自殺予防教育を連動させて行うことが，児童生徒および教員の抵抗感を少なくすることにもつながる。

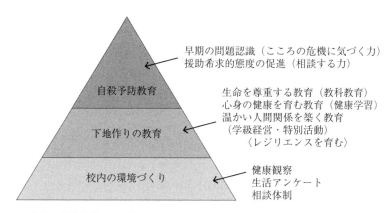

図8-3　自殺予防教育導入の下地づくり
（文部科学省　2014（平成26）年7月「児童生徒の自殺予防に関する調査研究協力者会議」を参考に作成）

2　自殺予防教育

　児童生徒を対象とする自殺予防教育の目標として示されているのは，「早期の問題認識（心の危機に気付く力）」と「援助希求的態度（相談する力）の獲得」である（表8-7）。こころの健康についての正しい知識と理解を持ち，困ったときに人に相談する援助希求的な態度がとれるようになれば，自分の危機の克服と友人の危機への支援が可能となり，生涯にわたる精神保健という観点からの自殺予防にもつながる。ただ，注意しなければいけないのは，最も守りたい自分の存在に価値を感じられない子にとって，「命が大切」という言葉そのものが実感できないということである。本当に必要なのは，自分のつらい思いを吐き出せる場や関係をつくり，「自分は大切な存在」であるということを伝えていくことである。

表 8-7　自殺予防教育

1．こころの痛みに気づく 「こころの問題の早期認識」	こころの病気の理解（ストレスマネジメント） 自尊感情の高め方 レジリエンス
2．こころの痛みを伝える 「援助希求行動の育成」	アサーショントレーニング リフレーミング
3．誰かのこころの痛みを聴く 「SOSの受け止め方」	ゲートキーパー研修

第 5 節　自殺が起きてしまったときの対応

　児童生徒の自殺は，その家族はもとより多くの人々のこころに深刻な影響をおよぼす。「子どもの自殺が起きたときの緊急対応の手引き（文部科学省2010）」にあるように，校長をリーダーとした危機対応チームを中心に教育委員会を含めた学内外の関係機関が協働し，遺族の意向に沿った丁寧な対応と，保護者や児童生徒への迅速で繊細な対応ができるようにしたい。

　そして，何よりもそのような時がこないように，日常の教育活動において，教師は児童生徒のこころの声に耳を傾け，未来を生きぬく力を育む関わりを心がけたい。

▶文献

自死予防に係る取り組みの充実に向けた検討委員会（監修）　2022　自殺の危険が高まった生徒への危機
　　　介入マニュアル　群馬県教育委員会

髙橋聡美　2020　教師にできる自殺予防——子どものSOSを見逃さない　教育開発研究所

松本俊彦　2014　自傷・自殺する子どもたち（子どものこころの発達を知るシリーズ 01）合同出版

松本俊彦（監修）　2018　自傷・自殺のことがわかる本——自分を傷つけない生き方レッスン　講談社

第9章

中途退学

第1節　中途退学の概略および関連法規と基本方針

1　中途退学の概略

　平成22年11月20日に文部科学省から出版された『生徒指導提要』は，学校現場における生徒指導の指針となる重要な指導書であった。この『生徒指導提要』は，第1章「生徒指導の意義と原理」，第2章「教育課程と生徒指導」，第3章「児童生徒の心理と児童生徒理解」，第4章「学校における生徒指導体制」，第5章「教育相談」，第6章「生徒指導の進め方」，第7章「生徒指導に関する法制度等」，第8章「学校と家庭・地域・関係機関との連携」で構成されている。

　この「中途退学」の項は第6章の第13節に置かれており，2ページにまとめられている。この平成22年版の『生徒指導提要』の「中途退学」は，

　　①高等学校中途退学者の現状と課題

　　②中途退学防止に向けての積極的な指導とは

　　③具体的な取組

　　④中途退学者の進路指導の在り方

　　⑤悩みや病的疾患を抱える生徒

　の5項目である。

　新しい提要では、「中途退学」は第9章として位置づけられている。

　この新提要を元に、「中途退学」の実態について以下にまとめてみた。

　図9-1は、高等学校における中途退学者数および中途退学率の推移を示したものである。高等学校における令和2年度の中途退学者数は34,965人（前年度42,882人）であり、中途退学者の割合は1.1%（前年度1.3%）である。平成17年から令和2年の間の推移について見ると、中途退学者数も中途退学率も明らかに減少の傾向を示している。

　表9-1は、事由別中途退学者数を示したものである。令和2年に中途退学した理由として最も多いのは「進路変更（43.1%）」、「学校生活・学業不適応（30.5%）」であった。ただここで気をつけなければならないのは、「進路変更」と一概にいってもその「進路変更」の中には様々な「進路変更」があり、各生徒の実情をきちんと把握しておかなければ大きな誤解を生じさせる場合があることである。

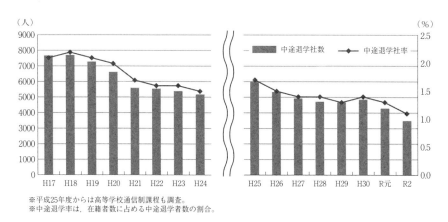

※平成25年度からは高等学校通信制課程も調査。
※中途退学率は、在籍者数に占める中途退学者数の割合。

図9-1　高等学校における中途退学者数および中途退学率の推移
（文部科学省「新時代に対応した高等学校改革の推進について」）

　図9-2は都道府県別の中途退学率を示したものである。中途退学率の全国平均は1.1%であり、中途退学率が高い都道府県は、沖縄県（1.7%）、奈良県（1.6%）、鹿児島県（1.5%）、北海道（1.4%）、高知県（1.4%）であった。中途退

表 9-1　事由別中途退学者数

	学業 不振	学校生活・ 学業不適応	進路 変更	病気・怪我・ 死亡	経済的 理由	家庭の 事情	問題 行動等	その他
H30	3,771	16,622	17,155	2,107	988	2,054	1,826	4,071
	7.8%	34.2%	35.3%	4.3%	2.0%	4.2%	3.8%	8.4%
R元	2,905	15,678	15,237	2,009	782	1,800	1,614	2,857
	6.8%	36.6%	35.5%	4.7%	1.8%	4.2%	3.8%	6.7%
R2	2,029	10,662	15,087	1,650	509	1,402	991	2,635
	5.8%	30.5%	43.1%	4.7%	1.5%	4.0%	2.8%	7.5%

※中途退学者1人につき主たる理由を一つ選択したもの。
※上段：人数
　下段：中途退学者に対する割合

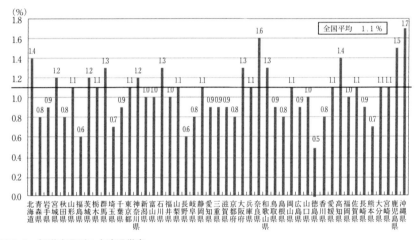

図 9-2　都道府県別の中途退学率

学率が低いのは，徳島県（0.5％），福島県（0.6％），長野県（0.6％），熊本県（0.7％），埼玉県（0.7％）であった。この都道府県の特徴がどこから来ているのかについて断定はできないが，検討，分析の価値はあると思われる。

　筆者は昭和48年から17年間にわたり都立高校の定時制課程に勤務した経験がある。集団就職が普通に行われていた時代であった。もちろん全ての生徒が地方から上京してくるわけではないが，今あの当時のことを振り返ってみると，

クラスの構成メンバーが目まぐるしく変化する様を思い出す。毎月多くの生徒が退学をし，それに見合う数の生徒が転入し（そのほとんどは都内の全日制からの生徒で，何らかの問題を抱えた生徒がほとんどであった），卒業していく生徒の数はほとんど入学数と変わらず，数だけから見ると不思議な現象であった。

2　関連する法規

　中途退学とは，校長の許可を受けるか，懲戒処分を受けるかして退学させられることをいう。校長の許可をもらう場合は自主的な退学となるが，後者の「懲戒処分による退学」は，学校教育法施行規則第26条に懲戒の一つとして挙げられている。学校教育法施行規則では，退学は校長が行う処分であり，その退学の条件項目として，

　　①性行不良で改善の見込がないと認められる者
　　②学力劣等で成業の見込がないと認められる者
　　③正当の理由がなくて出席常でない者
　　④学校の秩序を乱し，その他学生又は生徒としての本分に反した者
　が示されている。

　自主的な退学，懲戒による退学にかかわらず，退学そのものの必要事項は，文部科学大臣が定める（学校教育法第59条：高等学校に関する入学，退学，転学，その他必要な事項は，文部科学大臣が，これを定める）。懲戒による退学処分の手続きについては，校長が定める（学校教育法施行規則第26条）ことを明示している。

3　基本方針

　中途退学という教育課題への基本的な方針は，「高等学校中途退学問題への対応について」（文部科学省）の中にある，「高等学校中途退学問題への対応の基本的視点」において，①〜⑤に分けて示されている。

　　①生徒の能力・適正，興味・関心，進路などは多様なものであり，個性的
　　　な生徒の実態を踏まえ，高校教育の多様化，柔軟化，個性化の推進を図

ることが重要である。

②中途退学の理由には様々ある。学校や家庭との連携で防止できるケース
　もあるが，積極的な進路変更による中途退学もあり，生徒の的確な状況
　把握を求めている。

③個に応じた指導のための学習指導や教育相談などの充実を挙げ，これら
　を校長のリーダーシップの下で取り組むことを求めている。

④学習指導の改善・充実において「参加する授業」「分かる授業」など魅
　力ある教育活動の重要性を挙げている。

⑤積極的な進路変更による中途退学を挙げ，生徒の自己実現を援助する方
　向での指導の重要性を挙げている。

第2節　中途退学の理解

1　中途退学の要因

　中途退学の多くは学校生活への不適応が主たる要因とされる。この不適応は，
小学校や中学校にさかのぼって確認できることがある。学校生活になじめず，
長期欠席や不登校を経験した生徒が高等学校の段階における中途退学につなが
るケースが多く，特に高等学校入学後の不登校生徒への支援に関しては，中途
退学の未然防止に重要な対策といえる。前述の表9-1からも明らかなように，
中途退学の事由は，「学校生活・学業不適応」「進路変更」「学業不振」などが
あり，生活・進路・学業の問題が複合的に存在している。

　一方では，貧困家庭の問題や，核家族の増加，ヤングケアラー（病気や障害
のある家族・親族の介護，面倒に忙殺されていて，本来受けるべき教育を受けられ
なかったり，同世代との人間関係を満足に築けなかったりする18歳未満の子どもを
いう）の増加，インターネットやSNSによるフェイク情報（偽の情報，うその
情報）の横行など，課題を増幅する環境の変化が存在する。また，不明確な目
的で高等学校に進学した生徒の存在も含まれると考えられ，自分が今後どう生
きるか，どう自立するかという自己像が見えず，社会性の欠如が考えられるよ

うな問題を内包している。

2　中途退学がもたらすものと対策

　中途退学者の中には，前向きな進路変更という側面を持つものもあるが，本人が中途退学を希望する場合の対応に当たっては，状況を充分に把握し，本人の意思を尊重して支援することが最も大事なことである。

　中途退学をした場合，学歴は中学校卒業資格となり，高等学校卒業の資格を前提としている多くの職業や，大学や専門学校（専修学校専門課程）などの進路への選択肢が絶たれることとなる。行き先不明な進路から，ニートやフリーターを選択せざるを得ず，さらには引きこもり状態になる可能性もあり，〈中途退学の未然防止〉と〈早期発見とその対応〉，〈中途退学後のフォロー（追指導）〉は重要な支援といえる。いずれにしても，発達支持的生徒指導や進路指導・キャリア教育という社会的・職業的自立に向けた資質・能力を育てる活動を，教育活動を通し，日常的に行うことが最も重要な「中途退学対策」といえる。

　図9-3は「中途退学の未然防止」，「中途退学に至る前の早期発見・対応」，「中途退学者の指導」に関する重層的支援構造を示したものである。

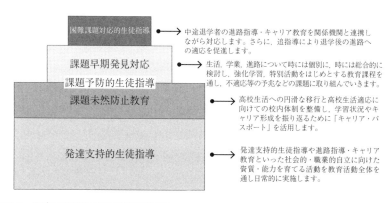

図9-3　中途退学対応の重層的支援構造
（生徒指導提要［改訂版］より）

第3節　中途退学の未然防止と組織体制

1　新入生対応における中学校との連携

　入学後の高等学校生活への適応が，中途退学の未然防止につながるということを理解しなければならない。中学校から高等学校への移行は，一つの節目となるので，円滑な移行が重要になる。しかし，高等学校によっては多くの中学校から生徒を受け入れる場合があり，中学校との連携は容易ではない。新入生の情報交換会などの開催が難しい場合，特に高等学校での不適応が心配される生徒に限り情報共有の場を設けることも考えられる。また，自分自身の学習状況やキャリア形成（社会の中で自分の役割を果たしながら，自分らしい生き方を実現していくための働きかけ，その連なりや積み重ね）を見通したり，自己評価を行うとともにこれを自己実現につなぐことを目的としたキャリア・パスポート（児童生徒が，小学校から高等学校までのキャリア教育に関わる諸活動について，特別活動の学級活動およびホームルーム活動を中心として，各教科等と往還し，自らの学習状況やキャリア形成を見通したり振り返ったりしながら，自分自身の変容や成長を自己評価できるよう工夫されたポートフォリオ）の活用も考えられる。

2　高等学校生活の適応に向けての校内体制

　中学校・高等学校の情報交換会の情報や「キャリア・パスポート」の活用を通し，新入生の理解を進め，高等学校生活に適応するまで，一人一人の生徒の成長を注視し，学年会や生徒指導部会での情報交換を怠らないようにし，学校全体で適応支援をすることが重要となる。新入生に対するきめ細かい支援が学校全体に文化として行きわたることが望ましい。新入生にとって，「上級生との交流」や「委員会活動」「部活動」「体育祭」「文化祭」などは高等学校生活への適応を促進する。

　他者との対応が苦手であったり，自己表現が得意でない生徒は必ず存在する。これらの生徒に対してもゆっくりと成長を見守り，人間関係の形成を進めてい

くといった工夫が求められる。

3　教科指導上の留意点

　各教科に関わる状況の中で課程の修了が認定されないため，進級や卒業ができなくなったことにより，中途退学に至ることがある。学習における不適応が最も多く起こる時期としては，高等学校一年生の一学期が挙げられる。中学校時代とは異なり，少しの怠学で大きな遅れをとり，そのことが学習意欲の低下につながることがある。特にこの時期，「学習意欲の低下」や「学校への所属意識の低下」などの傾向がある生徒については，情報交換を頻繁に行い，学級担任と教科担任の連携のもとで支援を行い，学習に前向きに向かえるようにする必要がある。また，必要に応じて補習や再試験を行うことも教育的配慮として必要である。

第4節　中途退学に至る前の早期発見・対応

1　生活の問題

　学校生活への適応の個人差が顕著になるこの時期（思春期）には，

①生徒の適応力を平均化しない

②不適応傾向が確認された場合は時期を空けない（できる限り早い対応）

③教職員の個人的判断に委ねない

④組織的に取り組む

などのことが求められる。つまり，「チーム学校」として組織的に対応することが強く求められる。

2　学業の問題

　教科学習は，生徒の学校適応の鍵を握っている。学習の遅れがちな生徒に対しては，その一人一人に合った指導をするため，

①学習内容の習熟の程度を的確に把握する

②学習が遅れる原因を明確にする

③学習の遅れがどの教科・科目において著しいかなどの実態を十分把握することが求められる。

　個々の生徒の実態に即した指導内容・指導方法とすることが重要であり，その際に，生徒相互で教えあい，学びあう協働的な学びを取り入れることで，「生徒同士の信頼関係の構築」，「やればできるという自己効力感」が育まれる可能性がある。

3　進路の問題

　「進路の問題」は「キャリア形成の問題」である。学校，家庭，さらには社会生活において自らの役割を果たすことは，キャリア形成の促進につながる。このような体験を，小学校，中学校，高等学校の段階からすることで，社会に出て各個人がどのような役割を果たしていくかを展望でき，社会的・職業的自立を視野に入れることは中途退学の抑止力となる。

　学校という環境は，役割を果たす機会の宝庫といわれているが，役割を果たした後には，果たした役割について常に振り返る機会を確保することが重要である。役割の意義について考える機会は将来の社会生活における役割（例えば職業，家庭，地域社会などでの）を考えることになり，進路の選択決定へとつながる。

第5節　中途退学者の指導と関係機関との連携体制

1　中途退学者の進学や就職における関係機関

（1）就学の継続

　高等学校卒業を前提に入学した生徒たちについて考えると，高等学校教育を継続し，卒業することを第一に考える必要があり，多くの場合は，中途退学よりも転学を考えることになる。現在では，転学というと定時制や通信制課程への転校を意味している。それぞれの事情を持った生徒たちが，それぞれの思い

を抱き，充実した毎日を過ごしている様子を長年見てきた筆者にとって，定時制や通信制課程の存在そのものがいかに重要であるか考えざるを得ない。

　近年，定時制高校には，NPO法人などによる「居場所カフェ（主に高校内で生徒が飲食しながら，NPOのスタッフや地域のボランティアと気軽に交流できる場）」が数多く設置され，不適応傾向のある生徒の受け皿として機能している。生徒本人や家族が，どのような学校があるか，転入学，編入学，新規入学の相違などの情報を親身な進路相談を通して考える機会を提供することが重要である。こうした機会は，中途退学後，新たな行動を起こす際の支援となる。また，経済的な理由で就学を断念しようとする生徒には，「高等学校等就学支援金」や「高校生等奨学給付金」などの公の経済的支援や育英制度，また，在籍校の授業料猶予・免除の仕組みなどを説明し，就学継続希望が叶うよう援助を行う。

（2）就職支援

　中途退学後，就職希望者の占める割合は極めて大きいといえる。中途退学者の担当の教職員に就職指導経験がない場合は，就職指導経験を有する教職員に支援を求め，公共職業安定所（ハローワーク）とも連携し支援を進める。職業紹介事業は，原則として厚生労働省の許可を得て行われているが，中学校および高等学校は，「職業安定法」に基づき，ハローワークの指導・援助を受けながら就職指導ができるとされる。

2　その他利用可能な関係機関

　中途退学に直面した生徒が利用可能な制度や施設は以下の通りである。生徒指導，進路指導，キャリア教育は，ガイダンスという範疇では同じ機能を持っている。つまり，進路の課題も生活の課題もつながっていることを強く意識して支援を行うことが重要である。

　現在機能している6つの関係機関について，以下に説明を加えておく。

（1）教育支援センター

不登校児童生徒の社会的自立に向けた指導・支援を行う公的な施設であり，教育委員会が設置し，小・中学校の不登校児童生徒が対象の施設が多い。高等学校の不登校生徒を対象とする施設も存在する。

（2）高等学校就職支援教員（ジョブ・サポート・ティーチャー）

高等学校において，進路指導主事などと連携して，就職を希望する生徒に対する就職相談，求人企業の開拓などを行う人材である。就職の専門家として活躍している。

（3）地域若者サポートステーション

地域若者サポートステーション（愛称：サポステ）は，働くことに悩みを抱えている 15 ～ 49 歳までの人たちを対象に，就労に向けた支援を行う機関である。厚生労働省が委託した全国の若者支援の実績やノウハウがある民間団体などが運営しており，全国の人が利用しやすい「身近に相談できる機関」として，全ての都道府県に設置されている。

（4）ジョブカフェ

ジョブカフェは都道府県が主体となって設置している，若者の就職支援をワンストップで行う施設である，正式名称を「若年者のためのワンストップサービスセンター」といい，若者が自分に合った仕事を見つけるため，様々なサービスを無料で受けることができる施設のことである。

（5）求職者支援制度

「雇用保険の資格がない」，または「受給期間が終了した求職者」を対象として，給付金の支給や無料の職業訓練受講を勧めることで，早期の就職を支援する制度のこと。

（6）ひきこもり地域支援センター

年齢を問わず，ひきこもりで悩んでいる人への相談や支援を行う機関のことである。

▶文献

内閣府　2021　令和 3 年版 子供・若者白書　日経印刷株式会社
藤田主一・斎藤雅英・宇部弘子・市川優一郎（編著）　2018　生きる力を育む生徒指導　福村出版
文部科学省　1977　中学校・高等学校進路指導の手引き──進路指導主事編
文部科学省　2010　生徒指導提要　教育図書

第10章

不登校

本章ではまず第1節で不登校の現状や国が掲げる支援の基本方針を概説する。続く第2節では，不登校の要因と連携が効果的な専門職や関係機関を対応づけて説明する。そして，本章最後の第3節において，それまでの内容を踏まえた不登校における生徒指導について論じることとする。

第1節　不登校の定義と現状

1　「不登校」の定義

文部科学省の定義によれば，「不登校」とは「何らかの心理的，情緒的，身体的あるいは社会的要因・背景により，登校しないあるいはしたくともできない状況にあるために年間30日以上欠席した者のうち，病気や経済的な理由による者を除いたもの」とされている（文部科学省　2003　不登校への対応について——不登校の現状に対する認識）。一見すると，厳密で具体的な定義であるが，実際には欠席理由を見極めて「不登校」に該当するかどうかを判断するのが困難なケースは珍しくない。例えば，登校時の頭痛や腹痛などの自律神経系や消化器系の病気が原因である場合では，心理的な要因を持つ疾患との判別が難しく，教員だけで「不登校」に該当するのかどうかを見極めるのは困難である。また，文部科学省の「不登校」の定義には「年間30日以上欠席」と明記されているが，あくまでもこれは調査上の定義である。生徒指導提要の改訂版（文

部科学省　2022）でも生徒指導における常態的・先行的な側面が強調されているように，「不登校」に該当するような欠席数が 30 日を超えなければ支援が必要ないという意味ではない。早期の介入によって長期の欠席を防げるケースがあることを踏まえれば，機械的に定義のみに基づいて判断するのではなく，個々の欠席の意味についてよく考える必要があるだろう。

2　不登校の現状

（1）不登校児童生徒数

　不登校児童生徒は 2012 年頃より増加し続けており，2020 年度には小学校で 6 万 3,350 人，中学校で 13 万 2,777 人となっている（文部科学省　2021a）（図 10-1）。これは小学校では 100 人に 1 人（おおむね 3 〜 4 クラスに 1 人），中学校では 25 人に 1 人（おおむね 1 クラスに 1 人）の割合であり，もはや特別な事例ではないことがわかる。一方，高等学校の不登校生徒数はほぼ横ばいに推移しており，2020 年度は 4 万 3,051 人である。中学校に比べて高等学校の不登校生徒数が大きく減少する背景には様々な要因が考えられるが，その一つは高等学校の多様化である。近年，通信制高校だけでなく，不登校の支援に力を入れている学校（例えば，東京都のチャレンジスクールなど）も増加しており，そうした選択肢の増加や環境の変化がきっかけで登校できるようになるケースがあると考えられる。しかし，高等学校は義務教育ではないため，欠席による中途退学（2020 年度は 19.7％）によって不登校生徒数の統計データから消えていく子どもたちも一定数存在している。高等学校の不登校は引きこもりにつながることも指摘されており，決して楽観視はできない。

　不登校児童生徒数を学年別に見ると，小学校では学年が上がるごとに増加し，中学校に入った段階で急増することがわかる（図 10-2）。この急激な増加は中 1 ギャップと呼ばれ，学習環境（教科担任制の導入や学習内容の難化）や対人関係（部活動などの上下関係への参入）における大きな変化がその原因と考えられている。

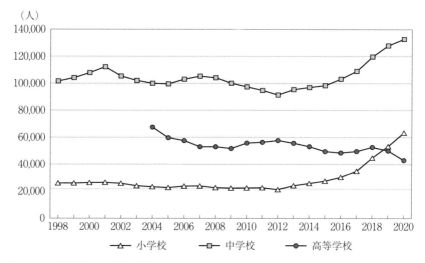

図 10-1　不登校児童生徒数の推移
（文部科学省　2021a より作成）

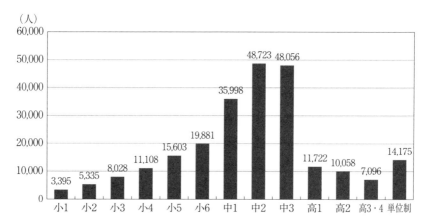

図 10-2　2020 年度における学年別の不登校児童生徒数
（文部科学省　2021a より作成）

（2）不登校児童生徒の支援状況

　では，不登校児童生徒はしっかり支援を受けられているのだろうか。近年の調査（文部科学省，2021a）によれば，小中学校および高等学校において学校内

外で専門的な支援を受けた児童生徒の割合は全体の 70 ％前後で推移している
が，不登校児童生徒数の増加に伴い，徐々に支援を受けられていない子どもた
ちの割合が増加してきている。2020 年度ではその割合は 35.1 ％にものぼる（図
10-3）。

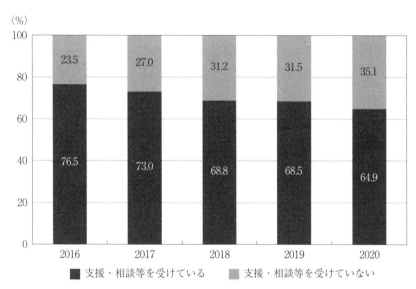

図 10-3　2020 年度の小・中学校および高等学校全体の不登校児童生徒の支援状況
（文部科学省　2021a より作成）

　また，別の調査（文部科学省　2021b）では，近隣に利用可能な機関がないこ
とに加えて，支援を行う機関の紹介がないことについても，不登校児童生徒の
保護者から指摘されている。そうした調査結果を踏まえると，単に支援体制を
拡充するだけでなく，学校が設置されている自治体においてどのような支援を
行うことができるのかについて，教員が熟知しておく必要があるだろう。同調
査においては，支援が利用できるにもかかわらず利用していない家庭が一定数
存在することも明らかになっており，支援を受けていない家庭がどのような支
援を望んでいるのかについての検討も必要である。

(3) 不登校の関連法規と国が掲げる基本方針

　これまで見てきたように，不登校は近年再び急増している。そうした状況に対応すべく政府は2016年12月に「義務教育の段階における普通教育に相当する教育の機会の確保等に関する法律」（以下，教育機会確保法）を公布し，翌年2月にはそれが完全施行された。この法律によって，国としての不登校に対する認識が大きく変化した。教育機会確保法の基本指針（文部科学省　義務教育の段階における普通教育に相当する教育の機会の確保等に関する基本指針　2017）では，不登校は取り巻く環境によってどの児童生徒にも起こり得るものであること，不登校であるというだけで問題行動とみなさないような配慮が必要であることなどが明記されている。また，不登校の支援にあたっては，「登校という結果のみを目標にするのではなく」，児童生徒一人一人に合わせた支援によって，「自らの進路を主体的に捉えて，社会的に自立することを目指す必要がある」とされている。その際，必要に応じて医療，福祉，その他の教育機関等と連携することも不可欠であると述べられており，多様化・複雑化する不登校の要因を踏まえた方針となっている。さらに，同法3条において，そもそも新たな不登校を生み出さないためにも，「全ての児童生徒が豊かな学校生活を送り，安心して教育を受けられるよう，学校における環境の確保がはかられるようにすること」も必要であるという予防的な観点も強調されている。

　こうした法整備によって，不登校支援を専門とする教育支援センターの新規設置や機能拡充を始めとする様々な支援体制の整備が進んでいるが，同時に新たな課題もいくつか生まれている。

　まず，国が掲げる基本方針の解釈についてである。特に，「登校という結果のみを目標にするのではなく」という点が「学校に行かなくてもよい」などと安易に解釈され，教育現場では不登校の児童生徒の対応を外部機関に丸投げするようなことが起こっている。さらに，それまでの不登校支援では登校が目標であったため，登校を目標としないのであればどうすればよいのかと困惑する声も上がっている。こうした事態を受けて，不登校支援の在り方を正しく周知するために文部科学省（2019a）は「不登校児童生徒への支援の在り方につい

て（通知）令和元年 10 月 25 日」を発出して注意を促している。そこでは，学校で学ぶことの大切さがあらためて強調されており，従来の毎日学校に通うという方法に縛られることなく，児童生徒一人一人に合わせた支援によって，学校に通うことで得られるような学びを達成できるよう努めるべきであるという意図が推察される。2006 年度の不登校生徒に関する追跡調査（不登校に関する追跡調査研究会，2014）では，不登校で学校に行かなかったことについて，「行けばよかった」という後悔を示すような回答が 37.8% もあったことも踏まえれば，やはり学校に通うことの大切さを軽視してはならない。したがって，「登校という結果のみを目標にするのではなく」という点は，「決して学校に行くことを目標としない」ことを意味している訳ではないことに留意されたい。

　もう一つの課題は，教育機会確保法に掲げられている不登校支援の方針がまだ広く周知されていない点である。民間の団体・施設との連携等に関する実態調査（文部科学省　2019b）では，教育機会確保法成立後に「教職員に対する研修を通じた周知の徹底」や「児童生徒とその保護者に周知するための広報活動」に新たに取り組んだ教育委員会等の割合はどちらも 2 割にも満たなかったことが示されている。多様化・複雑化する不登校の支援において，支援を行う教職員と支援を受ける子どもや保護者がその目的と方針を共有することには大きな意義があるだろう。

第 2 節　不登校の要因と専門職・関係機関

1　不登校の要因

（1）政府の統計から見る不登校の要因

　年々不登校の要因は多様化しており，2019 年度以降の文部科学省の調査では，学校に係る状況と家庭に係る状況，そして，本人に係る状況の 3 つの観点から不登校の要因が検討されている。不登校の背景には複数の要因が複雑に絡み合っている事例が多いため，主たる要因と主たる要因以外の要因について回答させる方式となっている。2020 年度の調査結果（文部科学省　2021a）を見ると，

主たる要因としては校種にかかわらず無気力，不安という心理的な要因の割合が比較的高いものの，不登校の要因は様々であることがわかる。その傾向は主たる要因以外の要因についても同様であり，不登校の複雑さがうかがえる。学業の不振が一定の割合で不登校の要因となっていることにも注意が必要である。

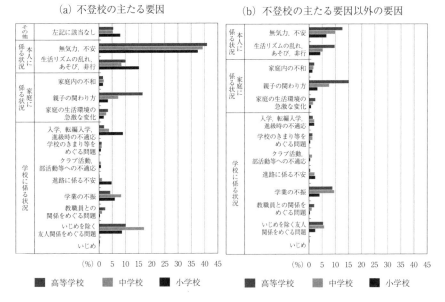

図10-4　2020年度における小・中学校および高等学校の不登校の要因
（文部科学省　2021aより作成）

　不登校の主たる要因を校種ごとに見ていくと，発達段階に起因する特徴がみられ，小学校では「親子の関わり方」の割合が，中学校では「いじめを除く友人関係をめぐる問題」の割合が，そして，高等学校では「生活リズムの乱れ，あそび，非行」の割合が比較的高くなっている。

（2）不登校の要因の背景にあるもの

　前項で確認したように不登校の要因には様々なものがある。しかし，実際には前項で確認した要因はあくまでも不登校のきっかけであって，根本的な要因

ではない。例えば,「学業の不振」がきっかけと考えられる場合でも,神経発
達障害によって学習上の困難がある,家族の介護があるため学習に専念できな
い,教員や友人との関係に問題を抱えたことによる不安やストレスで学習に支
障をきたすなど,その背景には様々な要因が考えられる。もちろん,複数の要
因が複雑に影響し合って不登校につながることも少なくない。一見すると,友
人関係をめぐる問題が不登校のきっかけと考えられている場合でも,そのケー
スを詳細にみていけば,家庭内暴力によって当該児童生徒が不安やストレスを
抱え,そうした心理的変化が友人関係に亀裂を生じさせたというプロセスが明
らかになるようなこともあるだろう。その複雑さからなのか,児童生徒自身も
自分が不登校となった原因がよくわからないこともあるため,執拗に児童生徒
に聞き取りを行うことによって児童生徒を混乱させてしまうこともある。した
がって,不登校あるいは,その傾向がみられる場合の支援にあたっては,その
背景にどのような要因が存在するのかについて,児童生徒からの聞き取りばか
りに依存せず,多面的な視点からのアセスメントが必要となる。そして,そう
したアセスメントを行うためには,担当教員のみが一人で抱え込むのではなく,
他の教職員やスクールカウンセラー(以下,SCとする),スクールソーシャル
ワーカー(以下,SSWとする)などの専門的な教職員とともに,また必要があ
ればその他の関係機関と連携しつつ,児童生徒一人一人のケースと向き合って
いくことが重要である。なお,アセスメントは犯人探しではない。当事者の中
の誰かを非難するためではなく,不登校に関わる全ての人々がより良い方向に
向かうためのツールとして利用すべきである。

2　不登校のアセスメントと専門職・関係機関

　不登校のアセスメントには高い専門性が要求されることが多いため,連携す
べき専門職員や関係機関は多岐にわたる。近年,主流となりつつある生物・心
理・社会モデルに基づき,不登校の要因と対応する専門職・専門機関を表
10-1 にまとめた。
　まず,虐待や貧困などの社会的要因が疑われる場合にはスクールソーシャル

表 10-1　不登校の要因と関係職員・関係機関

	不登校の要因	関係する専門職員，専門機関
社会的要因	虐待，ドメスティックバイオレンス，ヤングケアラー，貧困，非行など	スクールソーシャルワーカー，児童相談所，警察の少年係，法務少年支援センター
心理的要因	うつ病，社交不安障害，分離不安，統合失調症，摂食障害など	スクールカウンセラー，精神科クリニック
生物的要因	発達障害，起立性調節障害，自律神経失調症，過敏性腸症候群など	スクールカウンセラー，発達支援センター，心療内科，精神科クリニック

ワーカーや児童相談所との連携が必要となる。暴力や性的逸脱，薬物依存など
の非行がみられる場合には警察の少年係や法務少年支援センター，場合によっ
ては弁護士や医療機関との連携も必要となる。また，うつ病や社交不安障害な
どの心理的要因が強い場合にはSCや精神科クリニックと連携してカウンセリ
ングを行う必要がある。発達障害や心因性の発生機序を持つ自律神経系の疾患
（起立性調節障害や自律神経失調症）や消化器系の疾患（過敏性腸症候群）などが
考えられる場合には，SCとともに必要な処置が受けられる医療機関へとつな
ぐ役割が重要となる。この他教育相談センターや青少年相談センターなども子
どもに関する全般的な相談を受けつけている。上に挙げた以外にもトランス
ジェンダーの子どもや外国籍の親を持つ子どもたちも不登校のリスクが高いと
考えられる。紙幅の都合上，詳しい情報については本書の他章や本章末の参考
文献を参照されたい。

3　不登校支援を行う教育機関

　上記に挙げた専門機関以外にも不登校支援を行う教育機関を紹介しておく
（表10-2）。学校に通うことが難しい子どもたちの学びの機会を守るために重要
な役割を持つ機関である。まず，学校外の教育機関としては教育支援センター
（適応指導教室）とフリースクールが挙げられる。この2つの機関は不登校児童
生徒の集団生活への適応や情緒の安定，基礎学力の補充が目的とされている。
従来は通所を希望する児童生徒への支援が主な役割であったが，通所できない
児童生徒への訪問支援なども行うようになっている。通所した場合には通常の

学校と同じように施設ごとの時間割に沿って一日を過ごす。時間割は集団生活への適応を目的とした体験活動（少人数での交流や遠足など）や，情緒の安定を目的とした相談活動（カウンセリングや教育相談），基礎学力の補充を目的とした学習活動によって構成されている。児童生徒が所属する学校と連携して一定の要件を満たせば，通所も出席として扱うことができ，通学定期乗車券制度も利用できる。しかし，いずれも支援のための場であるため，そこに在籍して卒

表 10-2　不登校支援を行う教育機関

種別	機関名	運営	対象学年	転校	卒業資格
学校外の機関	教育支援センター（適応指導教室）	公立	小～高校	不可	取得できない
	フリースクール	私立	小～高校	不可	取得できない
学校	特例校	公立および私立	小～高校	可	取得できる
	チャレンジスクール（東京都）	公立および私立	高校	可	取得できる
	通信制高校	公立および私立	高校	可	取得できる

業資格を得ることはできない。

　一方，不登校に特化した学校としては特例校がまず挙げられる。特例校とは，文部科学大臣の認可の下，特定の学校において教育課程の基準によらずに特別の教育課程を編成して教育を実施することができる学校のことである。教育支援センターなどとは異なり，特例校の場合は学校という場に身をおきつつ指導や相談を受けることができる。柔軟な学習計画を立てることができるため，各校独自のカリキュラムを展開して不登校支援を行なっている。また，東京都のチャレンジスクールは定時制の単位制高校であり，不登校経験のある生徒を主に受け入れる学校である。こちらも少人数制の柔軟なカリキュラムで個別指導指導に注力している。三部制（午前部・午後部・夜間部）となっており，複数の部を履修することによって3年での卒業が可能である。埼玉県のパレットスクールなど東京都以外の自治体でも同様の学校が設置されている。通常の学校と同様に登校が必要となる特例校やチャレンジスクールとは異なり，通信制高校は登校（スクーリング）の日数が少ないことが特徴である。登校のプレッシャーは少ないものの，必ずしも不登校の支援に力を入れているとは限らない。

第3節　不登校における生徒指導

　本章最終節では，ここまでで確認してきた内容を踏まえ，生徒指導提要で提唱されている3軸4層の生徒指導という観点から不登校への対応を考える。

1　発達支持的生徒指導

　まずは，不登校のきっかけを生まないような，全ての児童生徒が安心して学習できるような環境づくりが重要となる。教員との関係や学業の不振なども不登校のきっかけとなることから，教員同士や学校全体での連携を通じて学習指導や生徒指導の質の向上に努める必要がある。特に，不登校は自責の念から担当教員が一人で抱え込んでしまうケースもあるため，日頃から情報を共有したり，相談できたりするような，教員にとっても安心できるような学校が望ましい。

2　課題予防的生徒指導：課題未然防止教育

　不登校のきっかけを未然に防ぐ取り組みも重要である。特別活動の時間を利用して，不登校のきっかけや要因となる友人や教員との関係の問題や虐待，ヤングケアラーなどの問題に関する理解を深めておくことも有用である。例えば，SCによるソーシャルスキルトレーニングを行ったり，SSWによる福祉的な問題に関する教育を行ったりといった取り組みである。SCやSSWが子どもたちや教員と関わる機会を作ることができるだけでなく，児童生徒に加えて教職員や児童生徒の保護者も必要な知識を得ることができるだろう。それとは別に，チーム学校として不登校に適切に対応できるように初期対応やケース会議について学校の体制を確認しておく必要もある。

3　課題予防的生徒指導：課題早期発見対応

　不登校児童生徒の半数以上は年間90日以上欠席しており，長期化する傾向

がある（文部科学省　2021a）。したがって，不登校の兆候となるような欠席が
みられた場合には迅速な対応が求められる。そのためにまず必要となるのが，
SC や SSW，養護教諭，当該児童生徒の保護者などとの連携に基づく情報共有
とアセスメントである。適切なアセスメントによって早期の段階で必要な支援
へとつなぐことができれば，欠席の長期化を防ぐことができるだろう。何日欠
席したら対応を始めるなどと学校でルールを決めておくのもよいが，そういっ
たルールにかかわらず気になる欠席があればすぐに情報共有を行うことが重要
であると考えられる。不登校の支援にあたっては保護者との連携が不可欠であ
るため，日頃から保護者との信頼関係に努めることも重要となる。

4　困難課題対応的生徒指導

　欠席が長期間続いてしまう児童生徒がいる場合には，学級担任や生徒指導担
当の教員が SC や SSW などと連携してケース会議を開き，児童生徒のニーズ
に合わせた支援の方針を検討する必要がある。ケース会議やより詳細なアセス
メントに基づき，必要があれば学校外の専門機関との連携も行う。情報共有に
あたっては，教職員や専門職員，関係機関，家庭との連携を円滑にするために
文部科学省が作成した児童生徒理解・支援シートの活用も効果的だろう。外部
の機関と連携する場合には，児童生徒やその保護者が学校から見捨てられたと
感じることのないように，学校として児童生徒に関わり続けることを忘れては
ならない。別室登校のための居場所（保健室や相談室，図書室など）を用意した
り，ICT を活用したオンラインによる学習を行なったり，学校外の機関での
取り組みを評価したりするなど様々な取り組みが考えられる。不登校が長期化
した場合，粘り強い支援が必要となるケースが珍しくない。継続的なケース会
議とアセスメントを行いつつ，利用可能な資源を効果的に活用しながら，児童
生徒一人一人のニーズに合わせた学びを実現できるようにすることが求められ
る。

児童生徒理解・支援シート（共通 シート）

作成日:平成 年1 月 日　　　　　　　　　　　　　　※の事項は障害のある児童生徒、外国人児童生徒等で必要な場合に記入
作成者　HO（記入者名）　　　　追記者　HO（記入者名）／HO（記入者名）／…

（児童生徒）　名　前		性別	生年月日	国籍等（※）	出生地（※）
（よみがな）0			平成		
0			年　　月　　日		

（保護者等）　名　前		続柄（※）	学校受入年月日（※）	連絡先
（よみがな）			平成　　年　　月　　日	

○学年別欠席日数等　　　追記日→ | ○／○

年度													
学年	小1	小2	小3	小4	小5	小6	中1	中2	中3	高1	高2	高3	高4
出席しなければならない日数													
出席日数													
別室登校													
遅刻													
早退													
欠席日数													
指導要録上の出席扱い													
①教育支援センター													
②教育委員会所管の機関（①除く。）													
③児童相談所・福祉事務所													
④保健所、精神保健福祉センター													
⑤病院、診療所													
⑥民間団体、民間施設													
⑦その他の機関等													
⑧IT等の活用													

○支援を継続する上での基本的な情報
特記事項（本人の強み、アセスメントの情報、家庭での様子、障害の種類・程度・診断名・障害者手帳の種類・交付年月日（※）、学習歴（※）、日本語力（※）等）

○家族関係
特記事項（生育歴、本人を取り巻く状況（家族の状況も含む。）、作成日以降の変化、家族構成（※）、家庭内使用言語（※）等）

○備考欄

図10-5　児童生徒理解・支援シートの一部

（文部科学省　2019　児童生徒理解・支援シート）

児童生徒理解・支援シート(協議シート)

		記録者　記録者　○○生徒指導主事	日付　　平成　月　月　日
学年	学級	名前	参加者・機関名
0	0	0	

○本人の意向

○保護者の意向

○関係機関からの情報

○支援状況

目標			
	機関・分掌名	短期目標 ○/○○	経過・評価 ○/○○
役割分担			

○確認・同意事項

○特記事項

▶文献

文部科学省　2017　義務教育の段階における普通教育に相当する教育の機会の確保等に関する基本指針
文部科学省　2019a　民間の団体・施設との連携等に関する実態調査
文部科学省　2019b　不登校児童生徒への支援の在り方について（通知）令和元年 10 月 25 日
文部科学省　2021a　児童生徒の問題行動・不登校等生徒指導上の諸課題に関する調査結果（令和 2 年度）
文部科学省　2021b　不登校児童生徒の実態把握に関する調査報告書』
文部科学省　2022　生徒指導提要改訂（案）
文部科学省 不登校生徒に関する追跡調査研究会　2014　不登校に関する実態調査――平成 18 年度不登校生徒に関する追跡調査報告書

▶参考図書

伊藤美奈子　2022　不登校の理解と支援のためのハンドブック――多様な学びの場を保障するために　ミネルヴァ書房
長尾博　2022　ケースで学ぶ不登校――どうみて、どうする　金子書房

第 **11** 章

インターネット・携帯電話に関わる課題

第1節 生徒指導に与えるICT活用の効果

ICT（Information and Communication Technology：情報通信技術）の高度化とサービスの多様化に伴い，社会や生活の分野においてその活用が普及している。それは，教育分野も例外ではない。図11-1の通り内閣府の調査では，小中高校生の97.7％がインターネットを利用していると回答しており，低年齢層の使用率が年々上昇している。機器別ではスマホ（68.8％），ゲーム機（59.8％）等となっている。一方で，2018年のOECD（経済協力開発機構）の調査では，日本は学校の授業（国語，数学，理科）におけるデジタル機器の利用時間が短く，コンピュータを使って宿題をする頻度同様，OECD加盟国中最下位であった。

その影響か教育分野では，文部科学省が2019年12月に発表したGIGAスクール構想のなかで，1人1台の情報端末を全国の小学校と中学校に配備し，高速大容量の通信ネットワーク環境の整備で，新しい学びの形を実現することを目指すこととなった。それは生徒指導においても同様で，ICTを活用することにより例えば，以下のような効果が期待できよう。

1 データ活用による効果の検証

学習指導において，児童生徒一人一人の理解度や習熟度に合わせた学びを提

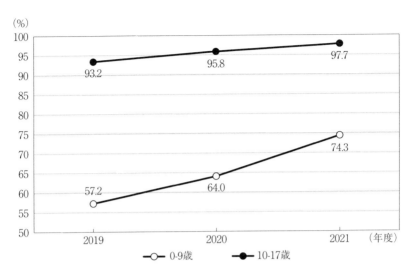

(%)

図 11-1　インターネットを利用している子どもの割合
（内閣府　2020-2022）

供することができる。最適な学習機会を提供することは「わかる授業」につな
がるため，児童生徒の自己肯定感や自己有用感を高めることにつながると期待
される。ICT による学習指導の効果をデータで確認しながら，それが生徒指
導にどのような影響を与えたかについて検証することができる。

　また，発達障害などによって学習に困難を抱える児童生徒の支援に，ICT
を活用した実践が効果をあげている。こういった児童生徒の可能性を広げてい
くことにも貢献している。

2　教員の負担軽減

　平成 31 年の中央教育審議会答申（新しい時代の教育に向けた持続可能な学校指
導・運営体制の構築のための学校における働き方改革に関する総合的な方策につい
て）で，多忙な教員の働き方改革に取り組むよう促している。文部科学省は，
教育委員会における学校の働き方改革のための取組状況調査をおこなっており，
そこでは ICT の活用により業務の効率化が図られ，一定の負担軽減が認めら

れている。これが教育効果の質の向上や，児童生徒と向き合う時間の確保につ
ながる。

3　生きる力の育成

　日頃から ICT 教育に慣れることで，児童生徒が PC やネットワークなどに
親しみをもちながら，その基本操作を身につけることができる。情報化社会の
進展は，世界的なものであり，次世代を生きる子どもたちには必要な情報を自
ら探し，その情報を活用していく「情報活用能力」が求められる。ICT 教育
により，情報化社会に主体的に対応していく力が得られ，それが生きる力につ
ながっていく。

4　教育相談の充実

　ICT を活用した教育相談により，相談のためにわざわざ来談するなどの負
担が軽減されたり，児童生徒の緊張感が緩和されたりすることが期待できる。
ICT の活用による情報には制限があることを踏まえる必要はあるが，相談の
しづらさを低減させる一定の効果はある。相談のハードルが下がることで，児
童生徒の不安などにいち早く気づくことができる。それが悩みなどの早期発見，
そして早期対応に活かされる。

5　学習機会の確保

　病気のため登校できない児童生徒や不登校児童生徒に対しては，ICT 等を
活用した学習が有効な支援方法の一つであり，学習機会の確保のみならず，生
徒指導の観点からも重要な手段であるといえる。
　不登校児童生徒の場合，「義務教育の段階における普通教育に相当する教育
の機会の確保等に関する法律」で学習機会の確保が求められている。そして，
「小・中学校等における病気療養児に対する同時又は双方向型授業配信を行っ
た場合の指導要録上の出欠の取扱い等について（通知）」などを踏まえて，病
気のために登校できない児童生徒へも学習機会の確保が必要であり，この機会

をとおして生徒指導を行うことも可能となる。

第2節　ICTの普及に伴う生徒指導上の課題

　前述の通り，インターネット等は安全に正しく使用することで多くの恩恵を得ることができるが，学校現場では新たな課題が生じている。それはインターネットが持つ匿名性，拡散性といった特徴が影響している。表11-1は栃木県総合教育センターが2014年小学校，中学校，高等学校，特別支援学校で把握したネットトラブルの校種別発生件数である。以下では，これを参考にしながら生徒指導上の課題として体への影響，インターネットトラブル，依存などについて取り上げる。

表11-1　インターネットトラブルの発生件数の順位

順位	小学校	中学校	高等学校	特別支援学校
1	誹謗中傷	誹謗中傷	不適切な情報発信	高額請求
2	不適切な情報発信	不適切な情報発信	誹謗中傷	脅迫
3	コミュニケーショントラブル	コミュニケーショントラブル	なりすまし	不適切な情報発信
4	脅迫	脅迫	コミュニケーショントラブル	誹謗中傷
5	ネットいじめ	誘い出し・つきまとい	個人情報の発信	ネット依存

(栃木県教育総合教育センター　2016)

1　子どもの体への影響

　子どもの体力や運動能力の低下が進んでいる。その原因の一つとして，スポーツ庁は令和元年度から学習以外のスクリーンタイムの増加をあげている（令和3年度全国体力・運動能力，運動習慣等調査）。スクリーンタイムとは，平日一日当たりのテレビ，スマホ，ゲーム機等による映像の視聴時間のことである。上記のスポーツ庁の調査では，子どもの時間がメディア接触時間によって占められるようになっており，そして，学習以外のスクリーンタイムが長時間

になると，体力合計点が低下する傾向がみられると述べている。

　また，視力の悪化も課題となっている。学校保健統計調査が開始されてから，子どもの視力低下の傾向が指摘されているが，この傾向が急速に進んでいる。その原因の一つにはスマホなどのタブレット端末への接触時間の増加が考えられる。そして，ブルーライトの網膜への悪影響や急性内斜視といった問題も生じてきている。

　スクリーンタイムが長くなるとともに，睡眠時間が短くなり生活のリズムを整えにくくなるといった影響もある。体力の低下などにより，体を思う通りに動かす能力が低下するだけでなく，正しい姿勢を保持することが困難になる。また，将来的に肥満やそれに伴う高血圧や高脂血症といった生活習慣病につながるリスクがある。体力低下は，生きる力を身につける上での障壁となり，将来社会を担う人材の育成を妨げることにつながる。

2　インターネットトラブル

　学校には，便利なネットやスマホの危険な側面を把握し，子どもたちが安全に活用できるよう指導することが求められる。子どもたちが，ネット上での言動やコンテンツ公開の過程で問題や，もめごとなどのインターネットトラブルに巻き込まれないようにする必要がある。

（1）誹謗中傷・名誉毀損

　令和3年における「人権侵犯事件」の状況（法務省）によると，ネット上での人権侵犯事件の新規救済手続開始件数は高水準で推移している。それを受けて2022年7月には，誹謗中傷への厳罰化（侮辱罪への法定刑引き上げ）が成立している。さらに，2022年10月に「特定電気通信役務提供者の損害賠償責任の制限及び発信者情報の開示に関する法律の一部を改正する法律」，いわゆる「改正プロバイダ責任制限法」が施行された。この改正で，発信者情報の開示手続きが簡易で迅速になり，発信者を特定できる可能性が高くなった。

　しかしながら，子どもが被害者や加害者にならないよう，ネット上への書き

込みには十分留意するよう指導する必要がある。以下に，ネットへの書き込みの際に注意すべき点をまとめた。

①著作権や肖像権の侵害：他者が写っている写真を許可なく投稿する。テレビや雑誌，他者のホームページ等の画像や記事等を無断転載するなど
②虚偽の情報の投稿：ネット情報をそのまま投稿するなど
③誹謗中傷やわいせつな情報の発信：特定の個人・団体への誹謗や差別的言動，誤解されやすい文章，わいせつな内容の発信など
④プライバシーの侵害：個人情報（氏名，住所，電話番号，メールアドレスなど）どの書き込みなど
⑤ID・パスワードの不正使用

　また，トラブルに巻き込まれた際の対応を示した「インターネット上の誹謗中傷に関する窓口のご案内」（総務省）は対応の参考になる。

(2) ネット上のいじめ
　文部科学省の調査において「パソコンや携帯電話等で，誹謗・中傷や嫌なことをされる」といった，ネット上のいじめの認知件数は平成26年から増加傾向を示している（図11-2）。そして，ネットいじめには次のような特徴があると指摘している。

①不特定多数の者から，絶え間なく誹謗・中傷が行われ，被害が短期間で極めて深刻なものとなる。
②インターネットの持つ匿名性から，安易に誹謗・中傷の書き込みが行われるため，子どもが簡単に被害者にも加害者にもなる。
③インターネット上に掲載された個人情報や画像は，情報の加工が容易にできることから，誹謗・中傷の対象として悪用されやすい。また，インターネット上に一度流出した個人情報は，回収することが困難となるとともに，不特

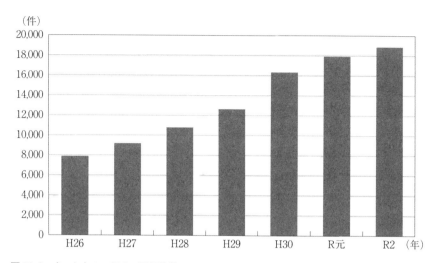

図 11-2　ネット上のいじめの認知件数
（文部科学省　2022）

定多数の他者からアクセスされる危険性がある。

④保護者や教師などの身近な大人が，子どもの携帯電話等の利用の状況を把握することが難しい。また，子どもの利用している掲示板などを詳細に確認することが困難なため，「ネット上のいじめ」の実態の把握が難しい。

　学校では，こういった特徴を理解しながら，ネットいじめの早期発見・早期対応に向けた取り組みを行っていく必要がある。

　もし，ネットいじめが発見された場合には事実確認，被害者と加害者，全校児童生徒への対応，書き込みの削除，保護者への対応が必要となる。組織で多くの情報を集めて事実確認を行い，その上で被害児童生徒へは学校が守ることを伝え，スクールカウンセラー等によるケアを行う。

　被害児童生徒に対しては，当該児童生徒に寄り添ったサポートが重要となる。加害児童生徒に対しては，ネットいじめを行った背景や事情を詳細に把握しながら，決して許されない行為であることを伝え，加害児童生徒に謝罪の念を醸成させるよう指導する。そして，全校児童生徒に継続的に情報モラル教育を行

い，ネットいじめの加害者にも被害者にもならないよう指導を続ける。同時に書き込みの削除依頼を行い，被害が拡大しないよう対策を進める。また，保護者に連絡し，家庭訪問などを行って話し合いの機会を持つ。話し合いの内容は，学校の対応を説明，事後の対応の相談となる。必要な場合には保護者会の開催も視野に入れ，学校の取り組みに対する理解の促進に努める。

(3) 詐欺やウイルスによる不当請求
ネット上での詐欺や不当請求は大きく3つに分類できる。

①ワンクリック詐欺

ワンクリック詐欺は，サイトやメールに記載されたリンクをクリックしたことで，サービス等への契約成立が宣言され，高額な費用が請求される詐欺である。電子消費者契約法では，注文内容の確認画面がない場合，契約を取り消すことができる。しかし，ネットオークションや自分でメールを書いて申し込んだ場合などは該当しないため注意が必要である。

②ウイルスへの感染

特定のサイトに誘導して，悪意のあるプログラムをダウンロードすることで感染し，様々な問題を生じさせる。感染による被害は，PCが起動しなくなったり，遅くなったりする。または，勝手に特定のサイトにつながる，脅迫的な料金請求メッセージが届く，個人情報が抜き取られる，被害が周囲に拡散する，などの被害を受ける。最近ではスマホやタブレットにも感染リスクが広がっているためセキュリティ対策が必要である。不審なサイトに接続しない，怪しいメールを開かないといった対策はもちろんのこと，保護者と連携してウイルス対策やアクセス制限を設けることも重要である。

③その他

身に覚えのないコンテンツ利用料金を，メールや電話で不当請求される被害もある。多くの場合，子どもが怖がるような内容が含まれる。そのため恐怖で正常な判断ができず，問い合わせ等で情報を与えてしまいトラブルになること

がある。

　子どもたちがネット上で詐欺やウイルス感染，不当請求を受けたとき，自分からアクセスしているため，保護者や教師に相談できないケースがみられる。そのため，学校でネット詐欺や不当請求について，正しい知識や対処方法を伝えることが求められている。

(4) ネットストーカー被害
　ネットストーカーとは，ネットで入手した情報をもとに特定の人物につきまとう行為であり，サイバーストーカーともいう。その行為には，次のようなものがある。

①デマの流布や学校への迷惑行為を行う
②スパムの大量送信やしつこくダイレクトメールを送り続ける
③アカウントをのっとり，個人情報の収集やなりすまし行為を行う
④住所をつきとめストーキングする
　対策としては，個人情報を掲載しないことであるが，学校においても個人名や写真の掲載には十分に注意しなければならない。また，位置情報の設定やSNSの投稿範囲などには，個人を特定する情報が含まれていることを認識しなければならない。

(5) ネット販売やオンラインゲームトラブル
　商品を購入したが届かない，別のものや粗悪な商品が送られてくる，無料やお試しをうたった商品が定期購入だった，といったトラブルは子どもに限ったことではない。ネット通販は，価格の安いサイトを検索できるため，便利だが，詐欺的サイトへの注意が必要である。子どもの場合，保護者のクレジットカードを利用してオンラインゲームで課金，ネット通販でお試しダイエットサプリを注文したところ定期購入だった，などで高額請求されることがある。

子どもには，クレジットカードの無断使用の禁止や，無料やお試しといった
甘い言葉に注意するよう伝える。いくつかの条件がそろえば，カードの無断使
用は「未成年者契約の取消」（民法第5条第2項）で代金を支払わなくてもいい
可能性があるが，管理責任を問われる場合もある。学校は，こういった情報を
家庭と共有するなどして未然防止に努めなければならない。

(6) コミュニティサイト被害

　警察庁の検討会である総合セキュリティ対策会議は，平成28年度に「コ
ミュニティサイトに起因する児童被害防止のための官民連携の在り方」を報告
している。警察庁は危険な書き込みがそれまでの出会い系サイトから非出会い
系（コミュニティサイト）へと移行していることを示している（図11-3）。報告
書ではコミュニティサイトを表11-2の8つに分類している。

　この時点では，複数交流型の増加傾向が示されていたが，様々な交流手段が
現れてくるため，この方面の知識についての学校側の把握も重要となる。

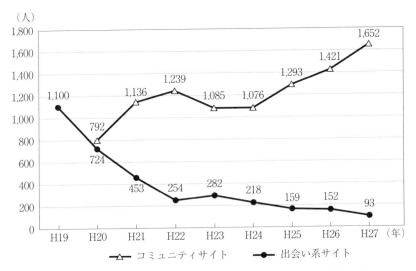

図11-3　コミュニティサイトおよび出会い系サイトに起因する事犯の被害児童数の推移
（警察庁　2016）

表11-2　コミュニティサイトの分類（警察庁　2016）

チャット系	面識のない利用者同士が1対1のチャットにより交流するもの
複数交流系	SNSなど広く情報発信や同時に複数の友人等と交流する際に利用されるもの
ID，QRコード交換系	LINE，カカオトーク，スカイプ等のID等を交換することにより交流するサイト
ブログ，掲示板系	趣味やカテゴリー別のコメント，日記等を掲載し，それを閲覧した利用者と交流するサイト
動画等投稿・配信系	動画や画像，音声等を投稿，配信し，それを閲覧した利用者と交流するサイト
ランダムマッチング系	ランダムに他の利用者と結び付き，その利用者と交流するサイト
ゲーム，アバター系	主にゲーム等のキャラクターやアバターとして他の利用者と交流するサイト
不明	サイトやアプリを特定するに至らなかったもの

　被害にあった子どものアクセス手段は，スマートフォンが最も多く，全体の86.4％を占めている。コミュニティサイトに起因する罪種は，青少年保護育成条例違反，児童ポルノ，児童買春の順となっている。年齢別では，16歳〜17歳が半数を占め，13歳以下も増加している。コミュニティサイトを介して薬物，誘拐，ストーカーなどの被害にあうことも考えられる。

（7）SNS炎上

　SNS炎上について荻上（2007）は，「ウェブ上の特定の対象に対して批判が殺到し，収まりがつかなさそうな状態」「特定の話題に関する議論の盛り上がり方が尋常ではなく，多くのブログや掲示板などでバッシングが行われる」状態としている。学校関連では，中学生がいじめ動画の投稿したことで炎上したり，教師が生徒の答案を投稿したりすることで炎上がおこっている。

　埼玉県教育委員会は，令和2年度ネットトラブル注意報（第6号）で「インターネット上の炎上の危険性」を公開している。それによると，不適切な投稿により投稿が拡散し，投稿者の個人情報の特定といった流れで炎上が進むとしている。児童生徒のみならず，教職員においてもネット炎上の危険性を把握し，投稿前に内容が適切なものか確認することが求められる。

(8) 著作権侵害

　著作権者の許諾を得ないもの，あるいは違法サイトと知りながらダウンロードすることは，著作権の侵害にあたる。コピーした画像や音楽，ゲームソフトなどを配布することも同様に違法である。著作権を侵害したサイトからのゲームなどのダウンロードは，個人的に楽しむ目的であっても違法となっている。また，人気のアニメなど，動画サイトには子どもたちの興味をひくものが多く，手軽にアップロードも可能となっている。この過程で著作権の侵害が起きるケースが生じている。

　学校や保護者は，ゲームやアニメ，マンガなどになぜ，著作権が設定されているのかを，子どもと一緒に考えたり教えたりする必要がある。著作者に対する経済的損失やそれに伴う質の低下などを理解し，著作権侵害に対して損害賠償等が請求される場合があることも認識させる。

　場合によっては，保護者や教員の知識不足から著作権を侵害している場合もあることに留意しなければならない。

(9) ネット依存，ゲーム依存

　ネット上での依存対象にはいろいろあるが，その多くはゲームである。学校教育への影響もあり，ネット依存が成績低下や生活リズムの乱れ，不登校といった課題につながっている。文部科学省の「情報化社会の新たな問題を考えるための教材～安全なインターネットの使い方を考える～」（平成 28 年）によると，中高生でネット依存の疑われる者が 51 万 8 千人にのぼるとしている。その背景も多様であり，長期の休みや発達上の特性，さらに現実生活からの逃避などがあげられている。

　また，2013 年改訂の DSM-5（精神疾患の診断と分類）で，初めてインターネットゲーム障害（Internet Gaming Disorder）が示されたことから，世界共通の課題であることがうかがわれる。

第3節　ネット問題への組織的取り組み

　多岐にわたり，そして日々新たに直面するネット関連の課題に対して，学校や教育委員会のみで対処するには限界がある。そのため，未然防止のために情報モラル教育を推進しながら，その過程で専門家や保護者，地域，関係機関との連携を図るなど組織的な対応が必須となっている。ネット問題に対応するための組織体制を見直しながら，学校の全ての教育活動，校務分掌全体で対応していかなければならない。また，ネット上の誹謗中傷などは，法的な対応が必要となる場合も想定されるため，関連法規の把握などに努めなければならない。

1　情報モラル教育
　学習指導要領では，「情報社会で適正な活動を行うための基になる考え方と態度」を情報モラルとし，それを各教科の指導の中で身につけさせることを情報モラル教育としている。情報モラルを身につけることで，「他者への影響を考え，人権，知的財産権等自他の権利を尊重し情報社会での行動に責任をもつこと」，「危険回避等情報を正しく安全に利用できること」，「コンピュータ等の情報機器の使用による健康との関わりを理解すること」ができると想定している。

　教育に関しては，授業を通じてその知識や解決方法を学ぶだけではなく，講演会等による啓発活動を加えることで，より高い効果が期待できる。

2　組織的対応
　ネット上の問題を把握した場合，その拡散性の強さから被害拡大を防ぐことを最優先する必要がある。ネット問題では，多職種の専門家で対策委員会を設置し，定期的に会議を開催し，PTAや警察，消費生活センターなどから広く情報を収集し，ネットパトロール等も含めた対応を検討する。もちろん，自校の児童生徒のネット使用状況についてもアンケート等で調査することも忘れて

はならない。そして，緊急時の対応に備えて問題に応じた相談先を把握しておく。さらに，児童生徒が自らネットの価値や危険性などを主体的に議論し，使用ルールを決める機会を用意することも取り組みの一つと考えられる。

表11-3は，ネット問題において学校が生徒指導事案として対応を求められている3つの種類ごとに，その例と対応の基本を示したものである。表からも組織的な対応や関係機関等と連携した対応が重要であることがわかる。

表11-3　生徒指導事案としてのネット問題への基本的対応

種類	例	対応の基本
違法投稿 （著作権法違反，薬物等）	ネット上の危険な出会い ネット詐欺 児童買春・児童ポルノ禁止法違反	警察等の専門家に早急な対応を求め，加害，被害を問わず，子どもを違法状態から救い出す
学校における指導等	誹謗中傷，炎上等悪質な投稿ネットいじめ	早急に関係機関等と連絡を密に取り，誹謗中傷等の事案には，専門家の支援を得て削除要請等を行う
家庭への支援	ネットの長時間利用 家庭でのルールづくり 子どもの孤立状況の把握・サポート	地域を挙げた支援体制構築と周知徹底が急務。居場所のない子どもがネットで過ごす時間が増加する可能性が高いことを念頭に置く

3　保護者や地域との連携

学校が，保護者や地域と連携してネット問題に取り組むことで，それを早期に発見することが可能になる。例えば，児童生徒への情報モラル教育に加えて，保護者へもフィルタリング機能やその設定，パスワードの扱い等を伝達することで未然防止の可能性が高まるであろう。

このようにネット問題への対応については，保護者や地域との連携が不可欠である。

4　関連法規の把握

ネットの特徴である匿名性，拡散性などにより，トラブルを完全に解決することが難しい。そのため，未然防止のための体制の構築が肝要となる。その場

合には，関係機関等と連携したチーム学校の体制づくりが求められる。

　また，法に違反する事案や学校外の不特定多数に関連する場合など，ネット問題は，法律との関係を抜きに考えることができないため，教員は基本的な法律の知識を有している必要がある。表11-4に教育に関連するインターネット関連法規の一覧を示した。

　また，携帯電話の学校への持ち込みに関しては，平成21年に文部科学省から「学校における携帯電話の取扱い等について」が通知されている。そこでは，小中校の原則校内持込禁止，高校の原則校内使用禁止等が示されている。

表11-4　教育に関連するインターネット関連法規

著作権法	著作物に対する権利，いわゆる著作権を定めたものであり，創作者に対して認められる著作権と，実演家等に認められる著作隣接権などを定めた法律
インターネット環境整備法	青少年が安全に安心してインターネットを利用できるようにし，青少年の権利の擁護に資することを目的に制定。保護者に子どものインターネット利用の管理などを求め，18歳未満が携帯電話を利用する場合は，保護者と携帯電話インターネット接続事業者は，フィルタリング利用を条件としなければならないことが定められている
出会い系サイト規制法	ネットでの異性紹介利用による犯罪から子どもを守るため制定された。一定の効果をあげたが，現在ではその他のサイトから発生する問題が課題となっている
プロバイダ責任制限法	特定電気通信による情報の流通に権利の侵害があった場合について，プロバイダ等の損害賠償の制限及び発信者情報の開示を請求する権利について定めた法律
児童買春・児童ポルノ禁止法	性的な部位が露出されたり強調されたりしている児童ポルノ（18歳未満）を自己の性的好奇心を満たす目的で所持することや，18歳未満の者の裸などを撮影する行為（児童ポルノの製造）を制限する法律
名誉毀損罪	「公然と事実を摘示し，他人の名誉を棄損」する行為
侮辱罪	侮辱罪は，事実を摘示せずに，「公然と人を侮辱した」ことが要件となる。ネットによる誹謗中傷を抑止するために法定刑が引き上げられた
特定商取引法	事業者による違法・悪質な勧誘行為等を防止し，消費者の利益を守ることを目的とする法律。訪問販売や通信販売等の消費者トラブルを生じやすい取引類型を対象に，事業者が守るべきルールと，クーリング・オフ等の消費者を守るルール等を定めている
肖像権	自分の顔や姿態をみだりに「撮影」や「公表」などされたりしない権利。規定はないが判例によって認められている

▶文献

荻上チキ　2007　ウェブ炎上——ネット群集の暴走と可能性　筑摩書房
警察庁　2016　コミュニティサイトに起因する児童被害防止のための官民連携の在り方——平成28年度
　　　総合セキュリティ対策会議報告書
埼玉県教育委員会　2020　ネットトラブル注意報（第6号）
栃木県総合教育センター　2016　ネットトラブル事例集——ネット社会に生きる子どもたちのために
内閣府　2020-2022　青少年のインターネット利用環境実態調査
文部科学省　2016　情報化社会の新たな問題を考えるための教材
文部科学省　2022　生徒指導提要（案）
文部科学省ホームページ　情報モラル教育の充実等（教員・児童生徒等向け）https://www.mext.go.jp/
　　　a_menu/shotou/zyouhou/detail/1369617.htm

第**12**章

性に関する課題

　近年，情報化社会が進展し，児童生徒は手軽にインターネットを使用できる環境にある。インターネット上には性に関する様々な情報が溢れ，SNS 等を介して性犯罪に巻き込まれることも少なくない。このような性犯罪・性暴力をはじめ，エイズなどの性感染症，人工妊娠中絶，性自認・性的指向などの性の多様性は，生徒指導で取り扱う性に関する課題である。これらはどれも，児童生徒にとって身近な問題であり，教員は多様化する性に関する課題へ対応していかなければならない。また，対応する際には児童生徒一人一人の心情等に配慮した関わりが必要不可欠となる。児童生徒が安心して過ごすことができ，何かあった時に相談しやすい環境を整えることが，予防的観点からも重要であり，深刻な状況になる前に「チーム学校」として対応していくことへとつながっていく。

　本章では，こういった性に関する課題の中でも近年特に増加傾向にある課題に着目し，それらに対応するために必要な知識や考え方について説明する。

第1節　性的行動の実態

1　性交経験率

　性に関する指導を行うにあたって，性的行動の実態を把握しておくことは重要である。ここでは，学校段階別・性別の性交経験に関する調査結果を紹介す

る。図 12-1 に，性交経験率の推移が示されている。

　中学生の性交経験率については，1987（昭和 62）年の調査開始から 2017（平成 29）年に至るまで，常に 5% を下回っていることがわかる。中学生にとって性交経験は，少数の人が経験するものとしてとどまっている。しかしながら，1987（昭和 62）年に男子 2.2%，女子 1.8% であった性交経験率は，2017（平成 29）年には男子 3.7%，女子 4.5% となっており，長期的に見て上昇傾向にあることが窺える。

　高校生の性交経験率は，1974（昭和 49）年の調査開始以来年々上昇し，2005（平成 17）年に男子は 26.6%，女子は 30.3% と，ピークを迎えた。それ以降は低下がみられ，2017（平成 29）年には 1993（平成 5）年の調査結果と同程度の経験率となった。また，2005（平成 17）年までは男子の方が女子よりも性交経験率が高い，または性差は見られなかったが，2005（平成 17）年以降女子の方が男子よりも経験率が高い状態が続いていることも特徴として挙げられる。

　大学生も高校生と同様に，男女ともに性交経験率が年々上昇し，2005（平成 17）年は男子が 63.0%，女子が 62.2% とピークを迎えた。それ以降は減少傾向にある。また，女子よりも男子の方が高かった性交経験率は，徐々に性差が縮

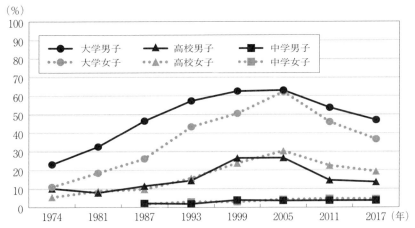

図 12-1　学校段階別・性別性交経験率の推移
（日本性教育協会　2019 より作成）

小し，2005（平成17）年にはほとんど性差がなくなった。そして，それ以降，再び男子の方が女子よりも性交経験が高い傾向が現れた。

第2節　性犯罪・性暴力に関する課題への対応

1　性犯罪・性暴力とは

　性犯罪・性暴力とは，暴力や強制，威嚇による望んでいない（同意のない）性的行為や性的行動，性的発言，人身売買を行うこと，または行おうとすることである。加害者と被害者がどのような関係性であっても，どのような場所でも起こり得るものである。

　児童生徒を取り巻く性犯罪・性暴力の近年の特徴としては，SNSに起因する事犯が挙げられる。図12-2は，警察庁が2022（令和4）年に発表したSNSに起因する性犯罪・性暴力の事犯における被害児童数と罪種内訳である。SNSに起因する事犯の被害児童数は，2012年の1,076人から徐々に増加し，2019（令和1）年には2,082人と1,000人以上も増加したことが明らかとなった。2020（令和2）年には多少減少したものの，その後も高い水準で横ばい傾向にあり，依然として多くの被害児童の存在が確認されている。罪種には，児童福祉法（児童に対して影響力のある者が淫行させる行為），青少年保護育成条例（児童との性交または性交類似行為），児童売春（金銭を支払うまたはその約束をした上での児童との性交または性交類似行為），児童ポルノ（児童の裸などの写真や動画撮影，それらの所持や投稿する行為），重要犯罪等（殺人や強盗，放火，強制性交，人身売買，強制わいせつ，逮捕監禁，略取誘拐など）がある。青少年保護育成条例は常に高い割合を占めており，児童ポルノは年々増加傾向にある。全体で占める割合は少ないものの，重要犯罪等も増加の一途を辿っている。また，2021（令和3）年の被害児童1,812人において，SNSで最初に投稿した者の内訳が図12-3に，使用されたサイトの内訳が図12-4に示されている。被害児童と被疑者が知り合うきっかけとなった最初の投稿は，被害児童からが圧倒的に多く，その割合は72.6%を占める。使用されたサイトについては，Twitterが36.9%

と最多で，次いで Instagram19.3%，Yay!6.2%，KoeTomo3.9%，TikTok2.9% と続いている。Twitter，Instagram，Yay!，KoeTomo は，2020（令和 2）年と比較して 2021（令和 3）年に増加が見られたことも警察庁によって報告されている。

　児童生徒にとって，それが性犯罪・性暴力であると気付きにくいものに，デート DV（Domestic Violence）がある。デート DV とは，交際相手（や元交際相手）から暴力を受けることであり，殴る蹴るといった身体的暴力だけではなく，怒鳴る，酷いことを言う，無視するなどの精神的暴力や，行動を監視する，電話やメールをチェックするなどの社会的暴力，交際中にお金を出させて返さないなどの経済的暴力，性行為の強要や避妊の拒否，裸の撮影を強要するなどの性的暴力がある。親密な関係性の中で生じることであるからゆえに，それが性犯罪・性暴力であると気づきにくいのである。

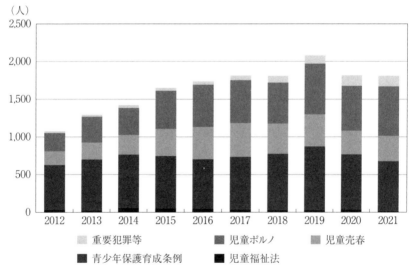

図 12-2　SNS に起因する事犯における被害児童数と罪種内訳
（警察庁　2022 より作成）

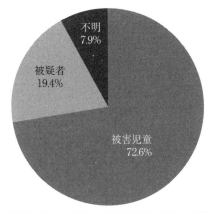

図 12-3　SNS に起因する事犯において SNS へ最初に投稿した者の内訳
（警察庁　2022 より作成）

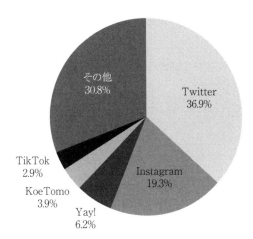

図 12-4　SNS に起因する事犯において使用されたサイトの内訳
（警察庁　2022 より作成）

2　学校における性に関する指導

　学校での性に関する指導の目的は，性に関して正しく理解し，適切な行動を取ることができるようにすることである。性に関する指導を実施するにあたっては，以下の点に留意し，十分な準備が必要となる。

①発達の段階を踏まえる
②学校全体で共通理解を図る
③保護者の理解を得る
④事前に，集団指導の内容と，個別指導の内容を区別しておく

　特に性犯罪・性暴力に関する生徒指導としては，「発達支持的生徒指導」「課題予防的生徒指導」「困難課題対応的生徒指導」の重層的支援構造がある。発達支持的生徒指導とは，各教科の授業や人権教育を通して多様性を認め，自分自身や他者の生命ならびに人権を尊重することができるように指導していくことである。課題予防的生徒指導とは，課題未然防止教育として「生命（いのち）の安全教育」を実施することと，課題早期発見対応として問題の予兆を見逃さずに被害児童生徒の安全を確保することである。困難課題対応的生徒指導とは，性犯罪・性暴力が発生した場合の対応として，学内外の連携を強化し，チーム学校として被害児童生徒のケアや加害児童生徒への指導にあたることである。

　文部科学省（2021）では，性犯罪・性暴力の加害者にならないための指導として，口や体，特に水着で隠れる部分を触ることは，相手に不快な思いをさせる可能性がある旨を幼少期から伝えていくことを推奨している。小学校高学年になると，裸の写真を撮らせることやその画像を送らせることも，性犯罪・性暴力であることを指導し，中学校以降の段階では，親密な関係の相手であったとしても相手が嫌がる行為はしてはいけないことを指導内容として挙げている。高校や大学の段階では，ドラッグや飲酒を伴う性的行為の問題にも触れ，性犯罪・性暴力において悪いのは加害者であって被害者は悪くないこと，刑法での処罰の対象となることを理解させることが挙げられている。また，障害のある児童生徒等については，各自の特性や状態等を踏まえた適切な指導を行うよう示されている。

3　「生命の安全教育」による未然防止策

　性犯罪・性暴力に関する方針として，2020（令和2）年6月11日の「性犯罪・性暴力対策強化のための関係府省会議」において，「性犯罪・性暴力対策の強化の方針」が決定した。この方針は，2020（令和2）年度から2022（令和4）年度までの3年間を性犯罪・性暴力対策の集中強化期間とし，その第一歩として位置づけられたものである。この方針を踏まえ，文部科学省は，児童生徒が性犯罪・性暴力の加害者や被害者，傍観者にならないよう，様々な取り組みを行っている。そのうちの一つとして，「生命の安全教育」がある。生命の安全教育とは，「生命の尊さを学び，性暴力の根底にある誤った認識や行動，また，性暴力が及ぼす影響などを正しく理解した上で，生命を大切にする考えや，自分や相手，一人一人を尊重する態度等を，発達段階に応じて身に付けること」を目指したものである（文部科学省　2021　生命の安全教育指導の手引き）。表12-1は，各発達段階における生命の安全教育のねらいが，表12-2にはその主な教材内容が示されている。幼児期には自分自身や他者の体を大切にするこ

表12-1　各発達段階における「生命の安全教育」のねらい

発達段階		ねらい
幼少期		発達段階に応じて自分と相手の体を大切にできるようになる。
小学校	低・中学年	自分と相手の体を大切にする態度を身につける。また，性暴力の被害に遭ったとき等に，適切に対応する力を身につける。
	高学年	自分と相手の心と体を大切にすることを理解し，よりよい人間関係を構築する態度を身につける。また，性暴力の被害に遭ったとき等に，適切に対応する力を身につける。
中学校		性暴力に関する正しい知識を持ち，性暴力が起きないようにするための考え方・態度を身につける。また，性暴力が起きたとき等に適切に対応する力を身につける。
高校		性暴力に関する現状を理解し，正しい知識を持つ。また，性暴力が起きないようにするために自ら考え行動しようとする態度や，性暴力が起きたとき等に適切に対応する力を身につける。
特別支援教育		障害の状態や特性，発達の状態等に応じて，個別指導を受けた被害・加害児童生徒等が，性暴力について正しく理解し，適切に対応する力を身につける。

（文部科学省　2021より作成）

表12-2　各発達段階における「生命の安全教育」の主な教材内容

発達段階	主な教材内容
幼少期	・「水着で隠れる部分」は，自分だけの大切なところ ・相手の大切なところを，見たり，触ったりしてはいけない ・いやな触られ方をした場合の対応
小学校	・「水着で隠れる部分」は，自分だけの大切なところ ・相手の大切なところを，見たり，触ったりしない ・いやな触られ方をした場合の対応 ・SNSを使うときに気をつけること（高学年）
中学校	・自分と相手を守る「距離感」について ・性暴力とは何か（デートDV，SNSを通じた被害の例示） ・性暴力被害に遭った場合の対応
高校	・自分と相手を守る「距離感」について ・性暴力とは何か（デートDV，SNSを通じた被害，セクシュアルハラスメントの例示） ・二次被害について　・性暴力被害に遭った場合の対応
高校卒業前，大学，一般	・性暴力の例　・身近な被害実態 ・性暴力が起きないようにするためのポイント ・性暴力被害に遭った場合の対応や相談先
特別支援教育	・小・中学校向け教材を活用しつつ，児童生徒等の障害の状態や特性および発達の状態等に応じた個別指導を実施

（文部科学省　2021より作成）

と，小学校ではそれに加え被害を受けた時に適切に対応できるようにすること，中学校からは性暴力が発生しないようにすることが加えられ，それらに合わせた教材内容が紹介されている。

4　養護教諭や専門家，関係機関との連携

　性に関する指導は，体育科や保健体育科だけでなく，特別活動などを含めた学校教育活動全体を通じて指導していくことになる。そのため様々な連携が必要となるが，中でも養護教諭との連携は大変重要である。「学校保健安全法」第9条においても，養護教諭は他の教職員と連携を取りながら児童生徒の心身の状況を把握して対応に当たり，必要に応じてその保護者に助言を行うことの重要性が示されている。

　図12-5に，一日の保健室利用者数の平均を示した。日本学校保健会が2016

（平成 28）年に実施した調査によると，一日の保健室利用者平均数は，小学校が 22.0 人，中学校が 19.0 人，高等学校が 19.8 人であることが報告されており，小学校・中学校・高等学校ともに，学年が上がるにつれて保健室の利用率が高まることが示されている。なかでも中学 3 年生の利用が最も多い。利用者の性別は，女子の割合が高いことも示されており，年齢が上がるにつれて男女の差が大きくなっている。児童生徒にとって，誰でも利用できる保健室は教室とは異なる場であり，安全基地になり得る場所である。そのため，なかなか他者に相談することができない性に関する問題も，養護教諭であればいち早く気づくことも少なくない。実際，保健室利用者が性に関する問題を相談するケースもあり，日本学校保健会の 2016（平成 28）年の調査では，保健室利用者の主な相談内容のうち，性に関する問題が占める割合は，小学校では 0.1％，中学校では 1.0％，高等学校では 1.4％であることが報告されている。

　児童生徒の心身の状態やその変化に気づき，対応していくには，実効性のある組織体制を確立していくことが重要となる。そためには，教職員と養護教諭が情報を共有し，子どもの普段の様子を把握しておくことが必要不可欠であり，役割を分担してチームで対応することが望まれる。状況に応じて医療機関や警察，児童相談所，その他の関係機関や地域住民などとの連携も必要となるであろう。保護者を含めた関係者全員が連携することで，児童生徒の心身のケアやサポートへつながっていくと考えられる。また，ワンストップ支援センターを活用することも有効である。ワンストップ支援センターは，医療やカウンセリング，法的支援などの総合的な支援を可能な限り一箇所で提供することで，被害者の心身の負担を軽減し，その回復を図るとともに，被害の潜在化を防止すること等を目的として，開設・運営されている。地域や学校の実情に応じて，産婦人科医や助産師等の外部講師を活用することも，性犯罪・性暴力に関する課題への対応として効果が期待される。

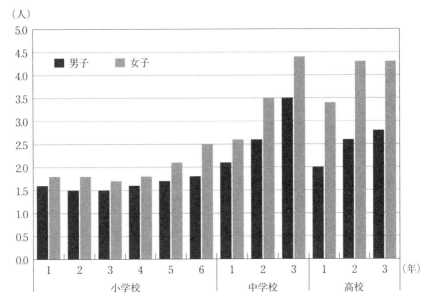

図 12-5　学校段階・学年・性別 1 校当たりの一日の平均保健室利用者数
（日本学校保健会　2018 より作成）

第 3 節　性的マイノリティに関する理解と対応

1　性的マイノリティとは

　私たちの中には，男性・女性のいずれかの性に当てはまる人もいれば，身体の性と心の性が一致せずに違和感を持つ人もいる。また，恋愛感情を異性に対して抱く人もいれば，同性に恋愛感情を抱く人もいる。身体の性，心の性，性的指向（恋愛対象や性的対象を誰に対して抱くか）などの様々な要素が組み合わさり，多様な性自認（自分の性に対する自己意識），性的指向の人々が存在している。自分の性別に違和感がなく，異性に対して恋愛感情を抱く人を性的マジョリティと呼ぶのに対して，自分の性別に違和感があったり，同性に対して恋愛感情を抱く人を性的マイノリティと呼ぶ。

　性的マイノリティと同じように使用される言葉に，LGBTQ+ がある。

LGBTQ+ の L はレズビアン（Lesbian: 女性同性愛者），G はゲイ（Gay: 男性同性愛者），B はバイセクシュアル（Bisexual: 両性愛者），T はトランスジェンダー（Transgender: 身体の性と性自認が一致しない人），Q はクエスチョニング（Questioning: 自身の性自認や性的指向が定まっていない，意図的に定めていない人）とクィア（Queer: 性的マイノリティの総称），それぞれの頭文字をとっている。その他にも，アセクシュアル（Asexual: エイセクシュアル，無性愛者）やパンセクシュアル（Pansexual: 全性愛者），エイジェンダー（Agender: 性自認を持たない人）など，様々な性があり，LGBTQ+ の + は何かの頭文字というわけではなく，このような性の多様性が存在していることを意味している。

　性同一性障害（性別違和）は，トランスジェンダーと混同させれることが多々あるが，これらは異なる概念である。「性同一性障害者の性別の取扱いの特例に関する法律」第 2 条において，性同一性障害者とは「生物学的には性別が明らかであるにもかかわらず，心理的にはそれとは別の性別（以下「他の性別」という。）であるとの持続的な確信を持ち，かつ，自己を身体的及び社会的に他の性別に適合させようとする意思を有する者であって，そのことについてその診断を的確に行うために必要な知識及び経験を有する二人以上の医師の一般に認められている医学的知見に基づき行う診断が一致しているもの」と定義されている。つまり，身体の性に違和感を覚え，医学的な処置によって身体の性の変更を望んでいる場合は性同一性障害であり，身体の性に違和感を覚えているが，その変更を望んでいない場合はトランスジェンダーであり，性同一性障害ではないのである。

　現在は，性的マイノリティについて考える際に，SOGI（ソジ）という言葉が国際的に使用されるようになってきている。SOGI とは，性的指向（Sexual Orientation）と性自認（Gender Identity）の頭文字をとった言葉で，全ての人に当てはまる性の在り方を表している。多様な性に関する課題は，性的マイノリティの人だけでなく，全ての人の性的指向と性自認に関する人権についての課題であることを示しているのである。

2 性的マイノリティに関する課題への対応

　性的マイノリティに関する認知度は，徐々に広がりを見せているが，その存在を身近に感じることは少ないかもしれない。株式会社電通は，2020（令和2）年にLGBTQ+に関する調査を実施し，日本におけるLGBTQ+の割合は8.9%であることを示した。これは，11人に1人の割合で性的マイノリティの人が存在することを意味しており，35人のクラスであれば，そのうちの3人の児童生徒が性的マイノリティである計算になる。文部科学省が2014（平成26）年に報告した「学校における性同一性障害に係る対応に関する調査について」では，606件の性同一性障害に関する教育相談等があったことが示された。

　2015（平成27）年4月，文部科学省が全国の国公私立の小・中・高校等へ向けて，「性同一性障害に係る児童生徒に対するきめ細かな対応の実施等について」という性的マイノリティの子どもに対して配慮を求める通知を発出した。この通知では，「悩みや不安を受け止める必要性は，性同一性障害に係る児童生徒だけでなく，いわゆる『性的マイノリティ』とされる児童生徒全般に共通するものである」と述べている。これまで法律で定義されている性同一性障害者に限られていた配慮対象が，それ以外の性的マイノリティ全般に拡大したのである。この通知を踏まえて，翌年2016（平成28）年4月には「性同一性障害や性的指向・性自認に係る，児童生徒に対するきめ細かな対応等の実施について（教職員向け）」という資料が文部科学省から公表された。性的マイノリティに係る児童生徒については，学校生活を送る上で困難な場面が多く想定されることから，特別な支援が求められている。児童生徒一人一人の心情へ配慮した支援をするためには，性自認と性的指向は異なるものであり，多様な性の在り方を理解しておくことが重要である。

　また，性的マイノリティを理解することの重要性については，2012（平成24）年に閣議決定された「自殺総合対策大綱」においても記されている。性的マイノリティに係る人々は，自殺念慮の割合が高いことが指摘されており，その背景には，無理解や偏見，差別等があると考えられる。こういった無理解や偏見，差別から，いじめが発生する。文部科学省は，いじめを防止するために，

「いじめ防止対策推進法」に基づく「いじめの防止等のための基本的な方針」
を 2017（平成 29）年に改定し，「性同一性障害や性的指向・性自認 について，
教職員への正しい理解の促進や，学校として必要な対応について周知する」と
追記した。性的マイノリティに係る児童生徒へのいじめに対応するには，まず
は，児童生徒と日々接する教職員が性的マイノリティに関して正しく理解する
ことが必要不可欠となる。「性同一性障害に係る児童生徒に対するきめ細かな
対応の実施等について」では，表 12-3 に示すように，具体的な支援事例がま
とめられている。また，性的マイノリティに係る児童生徒への個別の配慮や支
援だけでなく，学級やホームルームにおいて，いじめや差別を許さない適切な
生徒指導・人権教育等を推進することも求められている。つまりこれは，性的
マイノリティの児童生徒が自分の性について学ぶだけでなく，性的マジョリ
ティを含めた全ての児童生徒が性の多様性について学び，理解することの必要
性を明示している。

表 12-3　性的マイノリティに対する学校における支援事例

項目	学校における支援の事例
服装	自認する性別の制服，衣服，体操着の着用を認める
髪型	標準より長い髪型を一定の範囲で認める（戸籍上男性）
更衣室	保健室・多目的トイレ等の利用を認める
トイレ	職員トイレ・多目的トイレの利用を認める
呼称の工夫	校内文書（通知表を含む）を児童生徒が希望する呼称で記す 自認する性別として名簿上扱う
授業	体育または保健体育において別メニューを設定する
水泳	上半身が隠れる水着の着用を認める（戸籍上男性） 補習として別日に実施，またはレポート提出で代替する
運動部の活動	自認する性別に係る活動への参加を認める
修学旅行等	一人部屋の使用を認める 入浴時間をずらす

（文部科学省　2015 より作成）

▶文献

株式会社電通　2021　電通，「LGBTQ+調査2020」を実施　https://www.dentsu.co.jp/news/release/pdf-cms/2021023-0408.pdf（最終アクセス：2022年10月30日）

警察庁　2022　令和3年における少年非行，児童虐待及び子供の性被害の状況　https://www.npa.go.jp/bureau/safetylife/syonen/pdf-r3-syonenhikoujyokyo.pdf（最終アクセス：2022年10月30日）

日本学校保健会　2018　保健室利用状況に関する調査報告書（平成28年度調査結果）

日本性教育協会　2019　「若者の性」白書──第8回 青少年の性行動全国調査報告　小学館

文部科学省　2015　性同一性障害に係る児童生徒に対するきめ細かな対応の実施等について　https://www.mext.go.jp/b_menu/houdou/27/04/1357468.htm（最終アクセス：2022年10月30日）

文部科学省　2021　生命の安全教育 指導の手引き　https://www.mext.go.jp/content/20210416-mxt_kyousei02-000014005_7.pdf（最終アクセス：2022年10月30日）

▶参考文献

文部科学省　2022　生徒指導提要（改訂版）

森山至貴　2017　LGBTを読みとく──クィア・スタディーズ入門　筑摩書房

第¹³章

多様な背景を持つ児童生徒への生徒指導

第1節　多様な背景を持つ子どもたち

1　はじめに

　子どもたちは今，大人になるための準備をしているといえる。その大半を学校で過ごしながら，教員や友だちとの人間関係の中で社会経験を積んでいる。教員は子どもたちの学校での振る舞いから家庭環境や子ども自身の事情を推し図り，時には情報収集しながら指導をしている。

　本章では，多様な生徒児童の背景を理解する際の一助となる事柄について説明していく。

2　多様な背景を理解する前に

　生徒指導の際，仮に子どもたちが何らかの問題を抱えていると考えられるときに注意したいことは，問題の原因となる人物を探し出して罰することではなく，あくまでも問題を解決するという立場を貫くことである。また，子どもたちが抱える問題は様々な要因によって存在するものであり，情報収集によって明らかになったと思われる原因は一つであるとは限らないことも確認したい。

　1970年代に精神科医のジョージ・L・エンゲル（1901-1965）は人間の健康，疾病，発達の問題を考える上でのトピックとして，生物的な側面，心理的な側

面，社会・環境的な側面から総合的に理解して行くとする，生物 - 心理 - 社会モデルを提唱している（図13-1）。例えば，授業中に居眠りをしてしまう生徒に対して，病気の可能性（生物），本人の性格の問題や心理社会的ストレスの可能性（心理），睡眠時間や家庭環境の問題（社会）など，生徒の背景を包括的に捉えるために参考となるであろう。このモデルは生徒指導に直接的な示唆を与えているものではないが，生徒を理解する際にはその背景を多角的に理解する必要があることを示している。

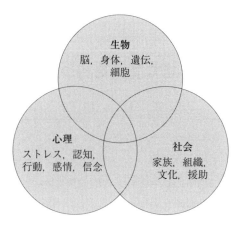

図 13-1　生物 - 心理 - 社会モデル
（福島　2018）

第2節　子どもたちは不安定な中で成長している

1　発育・発達の背景

　同じ学年の子どもであっても身体の発達や能力に個人差がみられることがあり，個人内であっても身体の各器官の発育が一定でないことも知られている。

　1930年にスキャモンは身体の所属性を，身長・体重・座高などの一般型，脳重量などの神経型，胸腺などのリンパ組織をリンパ型，生殖に係る器官の生殖型の4つの発育パターンを示し（図13-2），これは現代でも支持され続けて

いる（藤井　2013）。このパターンからも子どもたちの内面では目まぐるしく，また各器官で特異性を持って発育をしていることがわかる。つまり，成人と比べて身体のバランスを崩しながら生活を送っているといえ，健康であっても身体の不調が現れやすいと考えられる。それは心理面にまで影響を及ぼし，大人が理解できないような行動をとってしまうことも想像できる。子どもたちは，成長過程の中で心身ともに不安定でありながら日々を過ごしているということを前提として指導を考える必要がある。

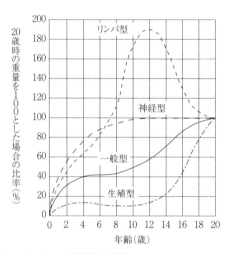

図 13-2　スキャモンの発育発達曲線
（藤田主一ほか（編）　2013　新 発達と教育の心理学　福村出版　p.26）

2　子どもたちの心身の不具合

　日本学校保健会が発行している「教職員のための子供の健康相談及び保健指導の手引き」（2021（令和 3）年 3 月改定）では生徒児童の主な心身の健康問題として，（1）感染症，（2）アレルギー疾患，（3）生活習慣病，（4）肥満，（5）摂食障害，（6）視力，（7）むし歯，（8）歯周病，（9）起立性調節障害，（10）脳脊髄液減少症，（11）月経困難症，（12）月経前症候群（PMS: premenstrual syndrome），（13）思春期早発症，（14）甲状腺機能低下症，（15）貧血，（16）ス

ポーツ外傷，（17）スポーツ障害，（18）熱中症，（19）発達障害，（20）うつ病と双極性障害（躁うつ病），（21）統合失調症，（22）心的外傷後ストレス障害（PTSD），（23）自殺・自殺企図と自傷行為，（24）てんかん，を挙げている。これらの健康要因が子どもたちの問題の背景にあることも考えられるため，子どもたちや保護者へのアンケート，養護教諭との密な連絡によって状況を把握することも必要となる。

第3節　精神的背景

1　精神疾患

「教職員のための子供の健康相談及び保健指導手引」によると，小学校の高学年（5〜6年生）になり，言語能力が高くなることで精神症状の現れ方が大人に近づくため，通常は成人期に発症する精神疾患が早期発症することがあるとしている。大人と子どもでは発症の様子が異なることも注意しておきたい。

（1）うつ病

落ち込みやうつ状態は，「心の風邪」といわれることもあるように，誰にでも起こる。しかし，日常生活が困難になるほど表13-1のような症状が続いた場合にはうつ病の可能性がある。以前は子どものうつ病はないとされていたが，近年では長引く体調不良や不登校等の背景にうつ病が隠れていることがあるということがわかっている。原因は様々で，環境変化に伴って発症することが多いとされる。

（2）双極性障害

躁うつ病という呼び方で知られており，うつ病とは別の病気とされ治療法も異なる。躁状態（躁病エピソード：表13-2）とうつ状態（抑うつ病エピソード：表13-1）が繰り返されるため双極性障害といわれている。躁状態では，気分が異常かつ持続的に高揚して開放的または怒りやすくなり，異常に活動的になる

表 13-1　抑うつ病エピソード

特徴
ほとんど1日中毎日の抑うつ気分
全ての活動における興味・喜びの著しい減退
食事療法をしていないのに1か月で5％以上の体重の減少・増加，食欲の減退・増加
不眠・過眠
精神運動の焦燥（落ち着きがなくなる）または制止（動きが緩慢になる）
疲労感・気力の減退
無価値観（自分を価値のない人間と思ってしまう）
思考力・集中力の減退，決断が困難になる
自殺念慮（自殺について考えること），自殺企図（自殺を企てること）

表 13-2　躁病エピソード

特徴
自尊心の肥大・誇大
睡眠欲求の減少
多弁・しゃべり続けようとする切迫感
観念奔逸（いくつもの様々な考えがとめどなく浮かぶ）
注意散漫
目的指向性の活動（目的達成のための精力的活動）・精神運動焦燥感（落ち着きがなくなる感じ）
困った結果につながる可能性が高い活動に熱中すること

という特徴がある。

（3）統合失調症

　症状としては，陽性症状としての妄想，幻覚，まとまりのない発語（話がしばしば脱線したり，支離滅裂になったりする），不自然でちぐはぐな行動や拒否的行動，陰性症状としての情動表出の減少・意欲欠如などがある。有病率は0.7〜0.8％で，10代半ばから30代半ばにかけての発症が多い。前駆症状として，不眠や頭痛を訴えることもある。

(4) 不安障害（不安症群／不安障害群）

　愛着を持っている人物からの分離に関する分離不安症（分離不安障害），家で
は普通におしゃべりをしているのに学校など特定の社会的状況において話すこ
とが一貫してできない選択的緘黙，周りからの注視を浴びる可能性のある場面
で著しく恐怖や不安が喚起される社交不安症（社交不安障害，社交恐怖）などが
含まれる。また，子どもたちに表13-3に示すような様子がみられる場合には，
全般不安症（全般性不安障害）の可能性も考えられる。これは，日頃接する教
員からも観察が可能であるため，生徒指導の際の参考にされたい。

表 13-3　全般不安症／全般性不安障害

特徴
落ち着きのなさ
疲労しやすいこと
集中困難・心が空白になること
怒りやすいこと（易怒性）
筋肉の緊張
睡眠障害

(5) 摂食障害（食行動障害および摂食障害群）

　食行動異常と体重や体型についての認識の障害である。主なものとしては，
神経性やせ症／神経性無食欲症と，神経性過食症／神経性大食症がある。前者
では，過食と自己誘発性嘔吐や下剤の乱用を反復的に行うもの（過食・排出型）
と，断食や過剰な運動などによって体重が減少するもの（摂食制限型）がある。
後者では，食べることを抑制できないという感覚がある。発症のきっかけの多
くは，ダイエットや様々なストレスなどで，思春期の女子に多いとされるが男
子にもみられる。

2　発達障害（神経発達症／神経発達障害群）

　発達障害とは，発達障害者支援法（第二条）において「自閉症，アスペル
ガー症候群その他の広汎性発達障害，学習障害，注意欠陥多動性障害その他こ

れに類する脳機能の障害であってその症状が通常低年齢において発現するものとして政令で定めるもの」と定義されている。2019（令和元）年に通級による指導を受けている児童生徒は134,185名で，この中で半数以上が発達障害者であることを報告されている。その数は年々増加傾向にあり，現場の教員には適切な対応が求められている。発達障害は，医学分野ではアメリカ精神医学会が定めたDSM-5（精神障害の診断と統計マニュアル）において神経発達症／神経発達障害群と呼ばれている。図13-3に示すように，それぞれの障害が重なり併存することが多い。これらは集団の中では誤解をされやすい行動であることを留意したい。なお，以下ではDSM-5での説明を中心に述べ，用いられている用語を各タイトルの（　）に標記する。

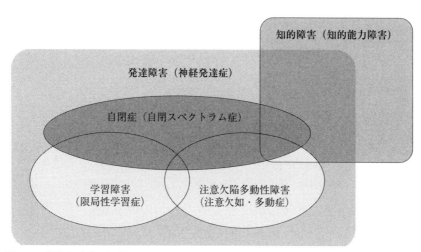

図13-3　神経発達症の領域のイメージ

（1）自閉症・広汎性発達障害・アスペルガー症候群（自閉スペクトラム症／自閉症スペクトラム障害）

　DSM-5で標記されるスペクトラムとは，障害の質，重さにおいて連続体（スペクトラム）をなしているという意味である。症状に対しての領域を厳密に分けるのではなく一つのまとまりとして考えており，たいていの場合，広汎性

発達障害, アスペルガー症候群を含んで説明される。この障害の特徴は「社会性」「コミュニケーション」「想像力」の問題である。DSM-5 では, ①社会的コミュニケーションおよび対人的相互反応における欠陥, および②行動・興味・活動の限定された反復的は様式 (感覚刺激に対する鋭敏さ, または鈍感さを含む) という診断基準がある。具体的には, 対人的なやり取りの問題として, 視線が合わない, 身振り手振りを使うことができない, 仲間を作ることができないという問題が挙げられる。また, コミュニケーションの取り方の問題として, 言葉に遅れがある, 他人と会話を続けられない, 相手の言葉を繰り返したり独特の言葉を使ったりし, 比喩や冗談が理解できないなどが挙げられる。さらに, 活動や興味の幅が狭くその中で同じことが繰り返される問題として, 特定の習慣や儀式にこだわる, 同じしぐさや行動の繰り返しや奇妙な行動がみられる, ごっこ遊びができない, 物の一部などに極端にこだわり続ける, などがある。

(2) 学習障害 (限局性学習症／限局性学習障害)

　知的能力には問題がないが, 中枢神経の機能障害によって, 聞く, 話す, 読む, 書く, 計算する, 推論するなどの学習が困難になっていることが特徴である。具体的には, 読字の速度が遅く発音に困難さがある, 読んでいるものの意味を理解するのが困難, 綴りや漢字を間違える, 鏡文字になったり自己流の漢字を書いたりする, 句読点の使い方がわからない, 文法を誤る, 数を正確に数えられない, 計算問題はできても文章問題ができない, 公式の応用が困難, グラフが読み取れない, などである。これらは授業中に比較的観察しやすいため, 子どもの背景を考える際の参考とされたい。

(3) 注意欠陥多動性障害 (注意欠如・多動症／注意欠如・多動性障害)

　この障害は,「不注意」の問題と「多動性・衝動性」の問題が特徴である。不注意には, 授業中に教員の話を聞き続けることができない, 話を聞いていないようにみえる, 課題などをやり遂げることができない, 計画を立てて行うこ

とが困難，持続的に行う課題を避ける，忘れ物やなくし物が多い，気が散りや
すい，約束を守れない，という問題が挙げられる。多動性・衝動性には，そわ
そわする，すぐに席を離れる，一般的に許されないところでも走り回ったり高
いところへ登ったりする，静かに遊ぶことができない，じっとしていられない，
しゃべりすぎる，順番を待てない，会話やゲームなどの邪魔をする，などが挙
げられる。

第4節　家庭環境

　近年では，核家族やひとり親の家庭も珍しくなく，また，最近の社会的な不
況により経済的困窮を余儀なくされる家庭や，親が体調を崩して就労が困難に
なってしまう家庭もある。こういった状況は直接子どもへ影響していく。

1　貧困

　貧困には，衣食住において人間として最低限の生活ができない絶対的貧困と，
国や地域の一定の集団の生活水準と比較して貧しい相対的貧困がある。相対的
貧困は，経済協力開発機構（OECD）の作成基準によって算出された貧困率に
よって示され，該当する全人口の家計所得（等価可処分所得）の中央値の半分
（貧困線）を下回る者の割合とされている。なお，2018（平成30）年の我が国の
国民全体での貧困線は127万円であった。
　図13-4に子どもの貧困率の推移を示す。多少の増減はあるが，全体的に右
肩上がりの傾向がある。2018年に厚生労働省によって行われた国民生活基礎
調査（大規模調査）では17歳以下の子どもの貧困率（子どもが属する世帯の所得
をもとに計算）は14.0％，子どもがいる現役世帯では13.1％で，おおむね7人
に1人の子どもが貧困である。また，子どもがいる現役世帯の内訳としては
18歳以上の大人が1人の世帯員の貧困率は48.3％，2人以上の世帯員では
11.2％であり，ひとり親などで大人が1人の場合の2世帯に1世帯が貧困とい
うことになる。

2020（令和2）年の報告によると，父子家庭の18.7万世帯に対し母子家庭は123.2万世帯と多い。父子世帯での正規雇用率は68.2％であるのに対して，母子世帯では44.2％である。特に母子家庭の所得は，国民全体での児童のいる世帯の34％に留まっているという現状がある。厚生労働省は，ひとり親家庭等に対する支援として「子育て・生活支援」「就業支援」「養育費確保支援」「経済的支援」の4つの柱を設けて施策を推進している一方で，ひとり親世帯になった理由としては離婚が最も多く（父子85.4％，母子79.5％），子どもたちの心のケアについても考えていく必要がある。

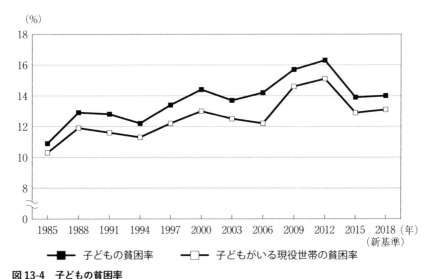

図13-4　子どもの貧困率
（厚生労働省　2018年国民生活基礎調査　訂正版貧困率の状況から抜粋）

2　家庭を助ける子ども

　最近では，家事や家族の世話をお手伝いの範囲を超えて日常的に行う子ども（ヤングケアラー）の存在が確認されている。それは，障害や病気・依存症のある親に代わって家事や家族の世話や就業したり，日本語が第一言語でない親のために通訳をしたりなどで家族を支えている。これにより，宿題や勉強，睡眠，友だちと遊ぶ，自分の時間が取れないなどの制約があり，いわゆる子どもらし

い生活や，子どもの時に学ぶべきことを十分に与えられていないという問題が出てくる。ヤングケアラーはこの状況を困難な状況と認識できないこともあるため，問題が表面化しにくいといわれることが大きな問題である。

　厳しい社会情勢の中で親が精神疾患を患い，それが子どもに影響を及ぼすことも報告されている。田野中（2019）は親が精神疾患を患っている子どもの困難について報告している。その内容は，①わけのわからぬまま親の症状をみるしかない生活，②世話をされない苦しい生活，③親の言動に振りまわされる生活，④心を許せる友だちや安心できる場所のない苦しさ，⑤我慢だけ強いられ，周囲からも支えられない苦しさ，⑥青年期以降も発達への支援を自覚する生きづらさ，が示されており，教員にはいち早く子どものSOSに気づくことが求められる。

第 5 節　外国籍・外国の文化を背景に持つ子ども

　文部科学省によると，2021（令和 3）年において日本語指導が必要な外国籍の児童生徒の数は 47,619 名であり，年々増加傾向にある。言語別在籍状況はポルトガル語（11,956 名）が最も多く，次いで中国語（9,936 名），フィリピノ語（7,462 名），スペイン語（3,714），ベトナム語（2,702 名），英語（1,945 名），日本語（1,929），韓国・朝鮮語（466 名），その他の言語（7,506 名）である。

　外国籍の子どもたちに対しては，言語のみならず文化的，宗教的な背景にも留意することが求められる。例えば，ムスリム（イスラム教徒）の子どもたちは体育（着替えや服装等）や給食（豚肉を食べない），あるいはラマダン（断食月）の礼拝行事などがあるため，保護者と十分に話し合って調整しておく必要がある。また，外国籍であっても日本で生まれて日本でのみ生活を経験している子どもも多くなっている。この子どもたちは日本語や日本の文化に適応できているように見えるが，家庭では親・母国の文化やしきたりに従って生活をしていることも多く，ゆえに周囲に誤解されることがあることにも注意すべきである。

「外国人児童生徒受入れの手引き」では，在籍学級担任は，世界動向を把握して，①広い視野を持つこと，②個に応じた視点を持つこと，によって子どもに受容的な姿勢を示すことが大切であるとしている。特に子どもと接するときには，ゆっくりとはっきりした口調で話す，しっかりと目を見て話す，子どもの母国語でもあいさつをする，などを心掛けることで受容的な姿勢が伝わりより友好的な関係が構築できる。また，学級担任の姿勢が学級の雰囲気に大きな影響を及ぼすため，常に自分自身の対応を振り返ることが重要であるとしている。

　日本に来たばかりの子どもは一般的に，まず「自己表現が難しく不安と期待が入り混じっている時期」を過ごす。この時には，笑顔で積極的に声掛けをすることが大切である。次に「学級での居場所を見つけようとする時期」を過ごすが，学級担任は子どもの得意なことや特性に気づき，集団の中に位置づけて居場所を作るようにする。次第に生活に慣れてくると，子どもたちは自分らしく行動を始めるが文化的な背景の違いでトラブルになりやすくなり，「学級としての調和が求められとまどうときもある時期」となる。学級担任は広い視野を持って多文化共生教育を重視して学級の国際化を図ることが重要である。そして「学級みんなで相互理解しつつ学級の一員として活動できる時期」となることを目指していく。

▶文献

教職員のための子供の健康相談及び保健指導の手引作成委員会　2021　教職員のための子供の健康相談及び保険指導の手引－令和３年度改訂－　日本学校保健会

田野中恭子　2019　精神疾患の親を持つ子どもの困難　日本公衆衛生看護学会誌，8(1)，23-32

日本精神神経学会（日本語版用語監修）高橋三郎／大野　裕（監訳）2014　DSM-5 精神疾患の分類と診断の手引　医学書院

福島哲夫（編）　2018　公認心理師必携テキスト　学研メディカル

藤井勝紀　2013　発育発達とScammonの発育曲線　スポーツ健康科学研究，35，1-16

文部科学省総合教育政策局男女共同参画共生社会学習・安全課　2019　『外国人児童生徒受け入れの手引き【改訂版】

第14章

キャリア教育・進路指導とは

　児童生徒にとって学校は，勉学に励み，教師や友人との人間関係を築くだけではなく，「社会の中で自分らしく生きること」も学ぶ場所でなくてはならない。そのため，社会の中で自分の価値や役割を見つけ出し，自分らしく生きるための基盤を身につける教育が求められており，学校ではキャリア教育の充実が図られている。そこで，本章では，キャリア教育と進路指導の意義や役割および両者の関係性について概観する。

第1節　キャリア教育とは

1　キャリア教育が提唱された背景

　中央教育審議会（1999）は，「今後の初等中等教育と高等教育の接続の改善について（答申）」において，「学校と社会及び学校間の円滑な接続を図るためのキャリア教育を小学校段階から発達段階に応じて実施する必要がある」と記している。この時，初めてキャリア教育という言葉が登場した。

　日本において，キャリア教育の重要性が提唱された背景をまとめたものを図14-1に示す。これらの背景から，子どもたちは自らの将来に向けて希望あふれる夢を描くことも容易ではなくなっており，環境の変化は，子どもたちの心身の発達に対する影響も指摘されている（文部科学省　2011a）。社会的な観点から考えると，近年の若年層の離職率も考えなくてはならない。若年層の離職

率は減少傾向ではあるものの，就職後3年以内の離職率は，新規高卒就職者で36.9%，新規大卒就職者で31.2%となっており（厚生労働省　2021），決して少ない数字とは言い切れないだろう。

　これらの背景を踏まえ，児童生徒に「生きる力」を身につけ，社会の激しい変化に流されることなく，直面する様々な課題に柔軟かつたくましく対応し，社会人として自立できる教育が求められている（文部科学省　2011a）。その教育の実現に向けて，キャリア教育が展開されている。

情報化・グローバル化・少子高齢化・消費社会等

学校から社会への移行をめぐる課題	子どもたちの生活・意識の変容
① 社会環境の変化 ② 若者自身の資質等をめぐる課題	① 子どもたちの成長・発達上の課題 ② 高学歴社会における進路の未決定傾向

学校教育に求められている姿
「生きる力」の育成
〜確かな学力，豊かな人間性，健康・体力〜

社会人として自立した人を育てる観点から
・学校の学習と社会とを関連づけた教育
・生涯にわたって学び続ける意欲の向上
・社会人としての基礎的資質・能力の育成　等

キャリア教育の推進

図14-1　キャリア教育が必要となった背景と課題
（出典：文部科学省　2011aをもとに作成）

2　キャリア教育の定義

（1）キャリアとは

　キャリアの語源は，ラテン語における車輪のついた乗り物（carrus）向けの車道（carraria）が語源で，比喩的に職業や人生の帰路，経歴なども意味するようになったとされている（諏訪　2017）。文部科学省（2011a）は，キャリア

を「人が，生涯の中で様々な役割を果たす過程で，自らの役割の価値や自分と
役割との関係を見いだしていく連なりや積み重ね」と定義している。したがっ
て，キャリアとは単に職業生活を指すのではなく，家庭生活や学校生活などの
様々な生活の中で経験する多種多様な立場や役割をさすものとして捉える必要
がある。また，キャリアは，児童生徒の成長の段階や発達課題の達成と関わり
ながら発達していくものである。

(2) キャリア教育の定義

　キャリア教育とは「一人一人の社会的・職業的自立に向け，必要な基盤とな
る能力や態度を育てることを通して，キャリア発達を促す教育」（中央教育審議
会　2011）である。加えて，ここで示されている「キャリア発達」については
「社会の中で自分の役割を果たしながら，自分らしい生き方を実現していく過
程」（中央教育審議会　2011）と定義されている。つまり，キャリア教育では職
業や進学先の選択のみならず，児童生徒が社会の中で「自分らしく」生きてい
くための能力および態度を身につけることが根幹である。

第 2 節　キャリア教育の意義および取り組み

1　キャリア教育の意義

　中央教育審議会（2011）はキャリア教育の意義として，次ページの 3 つを挙
げている。
　キャリア教育の充実は，児童生徒が「自分らしく」生きることの支援につな
がるだけでなく，学校教育全体の改善や課題の対処に役立つものであることが
わかる。したがって，これらの意義を理解した上で，幼児期から高等教育まで
体系的かつ組織的にキャリア教育を進める必要がある。

〈教育課程の改善〉
　キャリア教育は，一人一人のキャリア発達や個人としての自立を促す視点から，学校教育を構成していくための理念と方向性を示すものである。各学校がこの視点に立って教育の在り方を幅広く見直すことにより，教職員に教育の理念と進むべき方向が共有されるとともに，教育課程の改善が促進される。

〈児童生徒の成長や発達のサポート〉
　キャリア教育は，将来，社会人・職業人として自立していくために発達させるべき能力や態度があるという前提に立って，各学校段階で取り組むべき発達課題を明らかにし，日々の教育活動を通して達成させることを目指すものである。このような視点に立って教育活動を展開することにより，学校教育が目指す全人的成長・発達を促すことができる。

〈学校教育における課題への対処〉
　キャリア教育を実践し，学校生活と社会生活や職業生活を結び，関連付け，将来の夢と学業を結びつけることにより，生徒・学生等の学習意欲を喚起することの大切さが確認できる。このような取組を進めることを通じて，学校教育が抱える様々な課題への対処に活路を開くことにもつながるものと考えられる。

（中央教育審議会　2011）

2　キャリア教育において育成する能力

(1)「4領域8能力」

　キャリア教育では，その定義にもあるように社会的・職業的自立に向けた基盤となる能力や態度を育てることが求められる。国立教育政策研究所生徒指導研究センター（2002）は，職業観・勤労観を育む学習プログラムの開発に向けた研究において，各発達段階で育成すべき能力の例として「4領域8能力」を提示した。そしてこれまでにその「4領域8能力」に関して，以下のような課題が指摘されてきた。

4領域8能力の内容

- 人間関係形成能力：　自他の理解能力，コミュニケーション能力
- 情報活用能力　　：　情報収集・探索能力，職業理解能力
- 将来設計能力　　：　役割把握・認識能力，計画実行能力
- 意思決定能力　　：　選択能力，課題解決能力

4領域8能力に関する課題

- 高等学校までの想定にとどまっているため，生涯を通じて育成される能力という観点が薄く，社会人として実際に求められる能力との共通言語と

なっていない。

- 提示されている能力は例示にもかかわらず，学校現場では固定的に捉えている場合が多い。
- 領域や能力の説明について十分な理解がされないまま，能力等の名称（「○○能力」というラベル）の語感や印象に依拠した実践が散見される。

（出典：文部科学省　2011　高等学校キャリア教育の手引き）

　これらの課題を克服するため，内閣府の「人間力」や厚生労働省の「就職基礎能力」などの社会的自立に関する能力論を参考にし，社会的・職業的自立，社会・職業への円滑な移行に必要な力（図14-2）が示されることになった。

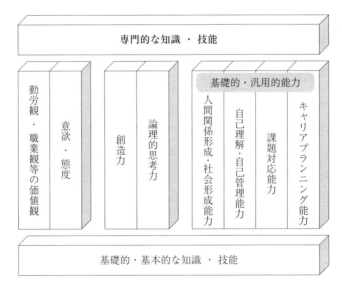

図14-2　社会的・職業的自立，社会・職業への円滑な移行に必要な力
（中央教育審議会　2011）

(2)「基礎的・汎用的能力」

　社会的・職業的自立，社会・職業への円滑な移行に必要な力の中で，特にキャリア教育で育成する能力として「基礎的・汎用的能力」が提示されている（図14-2）。「基礎的・汎用的能力」は，分野や職種にかかわらず，社会的・職

業的自立に向けて必要な基盤となる能力であり（中央教育審議会　2011），人間関係形成・社会形成能力，自己理解・自己管理能力，課題対応能力，キャリアプランニング能力から構成される（表14-1）。また，これらの能力は，包括的な能力概念であり，必要な要素をできる限り分かりやすく提示するという観点でまとめたものである（中央教育審議会　2011）。

「4領域8能力」から「基礎的・汎用的能力」への転換によって理解できる

表14-1　基礎的・汎用的能力の内容および具体的な要素

人間関係形成・社会形成能力	
内容	具体的な要素
多様な他者の考えや立場を理解し，相手の意見を聞いて自分の考えを正確に伝えることができるとともに，自分の置かれている状況を受け止め，役割を果たしつつ他者と協力・協働して社会に参画し，今後の社会を積極的に形成することができる力	他者の個性を理解する力 他者に働きかける力 コミュニケーション・スキル チームワーク　　　　など

自己理解・自己管理能力	
内容	具体的な要素
自分が「できること」「意義を感じること」「したいこと」について，社会との相互関係を保ちつつ，今後の自分自身の可能性を含めた肯定的な理解に基づき主体的に行動すると同時に，自らの思考や感情を律し，かつ，今後の成長のために進んで学ぼうとする力	自己の役割の理解 前向きに考える力 自己の動機づけ ストレスマネジメント　　など

課題対応能力	
内容	具体的な要素
仕事をする上での様々な課題を発見・分析し，適切な計画を立ててその課題を処理し，解決することができる力	情報の理解・選択・処理 本質の理解 原因の追究 課題発見　　　　　など

キャリアプランニング能力	
内容	具体的な要素
「働くこと」の意義を理解し，自らが果たすべき様々な立場や役割との関連を踏まえて「働くこと」を位置づけ，多様な生き方に関する様々な情報を適切に取捨選択・活用しながら，自ら主体的に判断してキャリアを形成していく力	学ぶこと・働くことの意義や役割の理解 多様性の理解 将来設計　　　　　など

（中央教育審議会　2011 をもとに作成）

「基礎的・汎用的能力」の特色は，「課題対応能力」と「自己管理能力」である。伊東（2020）は，「課題対応能力」と「自己管理能力」はともに今ある環境を是として受け入れ，自分をそれに合わせることによって事を進めていくという適応主義的色彩の強いものであると述べている。

3　段階に応じたキャリア教育

　キャリア教育では，一人一人の社会的・職業的自立に向けて，上述した「基礎的・汎用的能力」を育むことが求められる。そして，キャリア教育における目標の設定や実践活動においては，児童生徒の発達段階を考慮する必要がある。文部科学省（2006）は，児童生徒のキャリア発達の段階を，各学校段階に分けて提示し，各学校段階での連携・協力の必要性を示している。図 14-3 は，各学校段階におけるキャリア発達およびキャリア教育を示している。キャリア教

	小学校	中学校	高等学校	
就学前	進路の探索・選択にかかる基盤形成の時期	キャリア発達の段階 現実的探索と暫定的選択の時期	現実的探索・試行と社会的移行準備の時期	大学・専門学校・社会人
	✔自己および他者への積極的関心の形成・発展 ✔身のまわりの仕事や環境への関心・意欲の向上 ✔夢や希望，憧れる自己イメージの獲得 ✔勤労を重んじ目標に向かって努力する態度の形成	✔肯定的自己理解と自己有用感の獲得 ✔興味・関心等に基づく勤労観・職業観の形成 ✔進路計画の立案と暫定的選択 ✔生き方や進路に関する現実的探索	✔自己理解の深化と自己受容 ✔選択基準としての勤労観・職業観の確立 ✔将来設計の立案と社会的移行の準備 ✔進路の現実吟味と試行的参加	

社会的自立・職業的自立に向けて必要な意欲・態度や能力の育成

図 14-3　各学校段階に応じたキャリア教育
（文部科学省　2011a をもとに作成）

育を実施する際には，児童生徒のキャリア発達の段階を長期的な視点から観察した上で，社会的自立・職業的自立に向けて必要な意欲・態度や能力の育成を目指すことが求められるだろう。

4　キャリア教育における様々な取り組み

(1) キャリア・パスポート

キャリア教育では各学校段階でのキャリア発達を考慮することが必要となるが，前の学校段階からキャリア教育の成果を引き継ぐことで，学校教育全体でのキャリア教育の実現につながるだろう。中央教育審議会 (2016) は，「幼稚園，小学校，中学校，高等学校及び特別支援学校の学習指導要領等の改善及び必要な方策等について（答申）」において，小学校から高等学校までの特別活動をはじめとしたキャリア教育に関わる活動について，学びのプロセスを記述し振り返ることができるポートフォリオ的な教材としてキャリア・パスポートの活用を提案している。文部科学省 (2019) は，キャリア・パスポートを以下のように定義している。

> 児童生徒が，小学校から高等学校までのキャリア教育に関わる諸活動について，特別活動の学級活動及びホームルーム活動を中心として，各教科等と往還し，自らの学習状況やキャリア形成を見通したり振り返ったりしながら，自身の変容や成長を自己評価できるよう工夫されたポートフォリオのことである。

キャリア・パスポートを活用することで，小学校から高等学校までの一貫したキャリア教育の実践が可能になるとともに，児童生徒自身のキャリア形成の振り返りといった自己評価にもつながるだろう。また，このような教材を利用し，学校教育全体として児童生徒のキャリア発達を長期的な視点から支援することが重要である。

(2) キャリア・カウンセリング

文部科学省 (2011b) の「キャリア教育の推進に関する総合的調査研究協力者会議報告書」では，キャリア・カウンセリングについて以下のように述べら

れている。

> 子どもたち一人一人の生き方や進路，教科・科目等の選択に関する悩みや迷いなどを受け止め，自己の可能性や適性についての自覚を深めさせたり，適切な情報を提供したりしながら，子どもたちが自らの意志と責任で進路を選択することができるようにするための，個別またはグループ別に行う指導援助である。

　キャリア・カウンセリングでは，カウンセリングの技法だけでなく，職業や産業社会などに関する専門的な知識や技能も求められるため，このような専門性を持つ教師の育成や配置も必要となる。しかしながら，全ての児童生徒への支援や指導を充実させるという観点で考えれば，全ての教師がキャリア・カウンセリングに関する知識を深めることも重要となるであろう。

（3）キャリア教育の評価・改善

　学校における質の高い支援や指導を実現するためには，それぞれの活動についての評価・改善が重要である。各学校段階におけるキャリア教育の実践をより効果的なものにしていくためにも，適切な評価・改善が必要である。その評価の方法に関しては，「Plan（計画）」「Do（実行）」「Check（評価）」「Action（改善）」によるPDCAサイクル（図14-4）を活用することが薦められている。

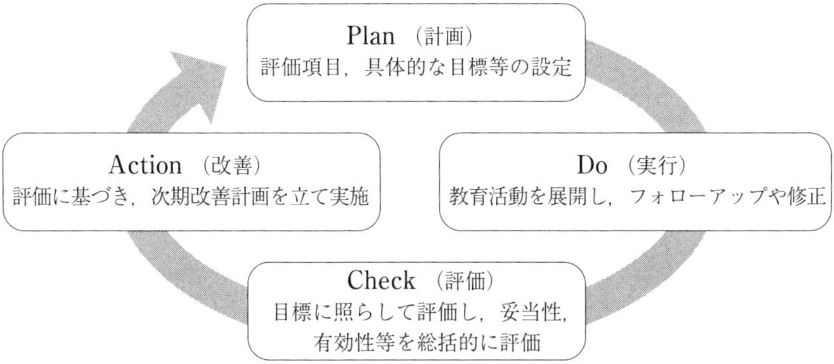

Plan　（計画）
評価項目，具体的な目標等の設定

Action　（改善）
評価に基づき，次期改善計画を立て実施

Do　（実行）
教育活動を展開し，フォローアップや修正

Check　（評価）
目標に照らして評価し，妥当性，有効性等を総括的に評価

図14-4　キャリア教育の評価におけるPDCAサイクル
（文部科学省　2006をもとに作成）

キャリア教育の全体計画や指導内容について，その妥当性や有効性などを適切に評価・改善し，次に活かすことが求められる。

　そして，キャリア教育の評価に関しては，児童生徒一人一人の到達度やキャリア発達の程度などの児童生徒の成長や変容，目標の設定や教育プログラムなどの教育活動，キャリア教育全体が効果的に機能しているかなどの指導計画の観点から行うことで，キャリア教育全体の改善につながるものと考えられる。

第3節　進路指導の意義およびキャリア教育との関係

1　進路指導の定義と意義

　進路指導は以下のように定義されている（文部省　1983）。

> 生徒の一人ひとりが，自分の将来の生き方への関心を深め，自分の能力・適性等の発見と開発に努め，進路の世界への知見を広くかつ深いものとし，やがて自分の将来への展望を持ち，進路の選択・計画をし，卒業後の生活によりよく適応し，社会的・職業的自己実現を達成していくことに必要な，生徒の自己指導能力の伸長を目指す，教師の計画的，組織的，継続的な指導・援助の過程

　上記のような定義ではあるものの，進路指導という言葉は，進路選択や就職試験に関連する指導という印象を受けることも少なくないだろう。しかしながら，「卒業後の生活への適応」や「社会的・職業的自己実現の達成」を目指すのであれば，将来を見通した視点から，進学先や就職先を決定する必要がある。文部科学省（2011a）によれば，「本来の進路指導は，卒業時の進路をどう選択するかを含めて，さらにどういう人間になり，どう生きていくことが望ましいのかといった長期的展望に立って指導・援助するという意味での『生き方の指導』とも言える教育活動」と述べられている。つまり，進路指導は，児童生徒の進路に対して，長期的な視点に立ちながら，生徒が自分らしく生きていくための進路を教師とともに考える活動であるといえる。

2　進路指導における具体的な活動

　進路指導における具体的な活動は，6 つの領域にわたる（表 14-2）。

表 14-2　進路指導における 6 つの領域

1. 生徒理解と自己理解の促進 生徒個人に関する諸資料を豊富に収集し，一人一人の生徒の能力・適性等を把握して，進路指導に役立てるとともに，生徒にも将来の進路との関連においても自分自身を正しく理解させる活動である。
2. 進路に関する情報の収集 職業や上級学校等に関する新しい情報を生徒に与えて理解させ，それを各自の進路選択に活用させる活動である。
3. 啓発的経験の獲得 生徒に経験を通じて，自己の能力・適正等を吟味させたり，具体的に進路に関する情報を得させたりする活動である。
4. 進路相談の実施 個別あるいはグループで，進路に関する悩み問題を教師に相談して解決を図ったり，望ましい進路の選択や適応・進歩に必要な能力や態度を発達させたりする活動である。
5. 就職や進学などに関する指導および援助 就職，進学，家業，家事従事など生徒の進路選択の時点における援助や斡旋などの活動である。
6. 卒業者の追指導の実施 生徒が卒業後それぞれの進路先においてよりよく適応し，進歩・向上していくように援助する活動である。

（出典：文部科学省　2011a をもとに作成）

　これらの領域からも理解できる通り，就職や進学などに対する指導および援助は，進路指導における一領域である。進路指導では，様々な活動や指導を通して，児童生徒自身が主体的に将来や進路について考え，能力や態度を涵養することが求められ，教師には児童生徒の主体性を育む指導・援助が求められるだろう。

3　進路指導における課題

　進路指導における課題として，文部科学省（2011a）では以下の内容が挙げられている。

　・進路指導担当の教員と各教科担当の教員との連携が不十分である。

・一人一人の発達を組織的・体系的に支援するといった意識や姿勢，指導
　計画における各活動の関連性や系統性等が希薄であり，子どもの意識の
　変容や能力や態度の育成に十分に結びついていない。

　加えて，高等学校学習指導要領総則（文部科学省　2018）では以下のような
指摘が示されている。

　学校教育では，キャリア教育の理念が浸透してきている一方で，これまで学
　校の教育活動全体で行うとされてきた意図が十分に理解されず，指導場面が
　曖昧にされてしまい，また，狭義の意味での「進路指導」と混同され，「働
　くこと」の現実や必要な資質・能力の育成につなげていく指導が軽視されて
　いたりするのではないか。

　これらの指摘から，学校全体での連携不足が課題となっていることがわかる。
上述した高等学校学習指導要領総則（文部科学省　2018）では「生徒が自己の
在り方生き方を考え主体的に進路を選択することができるよう，学校教育活動
全体を通じ，組織的かつ計画的な進路指導を行うこと」と示されている。した
がって，進路指導は，学校での教育活動の全てを通じて，児童生徒の意識の変
容や能力や態度の育成を図っていく必要があるものと考えられる。

4　キャリア教育と進路指導の関係

　進路指導やキャリア教育も，教育活動全体を通じて実施されるものであるこ
とや活動のねらいに差異はない。ではなぜ，両者が区別されているのだろうか。
キャリアは，子ども・若者の成長やその発達課題の達成と関わりながら，段階
を追って発達していくものである。したがって，キャリア教育では，幼児期の
教育での取り組みや各学校段階での取り組みを考える必要がある。一方で，進
路指導は，中学校および高等学校に限定された教育活動であるため，就学前に
おける教育などは含まれていない。その点において，キャリア教育との違いは

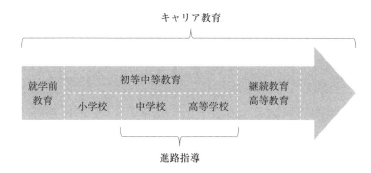

図 14-5　キャリア教育と進路指導の関係
（出典：文部科学省　2011a）

明確である。図 14-5 は，キャリア教育と進路指導の関係を示したものである。

　進路指導はキャリア教育に包含されているものである。このことからも，進路指導は，入学試験・就職試験に合格させるための支援や指導のみの実践（出口指導）だけではなく，生徒のキャリア発達を考慮した活動となることが求められていることがわかる。

▶文献

伊東毅　2020　キャリア教育の理念・実態・課題　高橋陽一・伊東毅（編）これからの生活指導と進路指導　武蔵野美術大学出版局
厚生労働省　2021　新規学卒就職者の離職状況を公表します.
国立教育政策研究所生徒指導研究センター　2002　児童生徒の職業観・勤労観を育む教育の推進について
諏訪康雄　2017　キャリアとは――法学の観点から　日本労働研究雑誌, *681*, 67-69.
中央教育審議会　1999　今後の初等中等教育と高等教育の接続の改善について（答申）
中央教育審議会　2011　今後の学校教育におけるキャリア教育・職業教育の在り方について（答申）
中央教育審議会　2016　幼稚園，小学校，中学校，高等学校及び特別支援学校の学習指導要領等の改善及び必要な方策等について（答申）
文部科学省　2006　小学校・中学校・高等学校　キャリア教育推進の手引き　――児童生徒一人一人の勤労観，職業観を育てるために
文部科学省　2011a　高等学校キャリア教育の手引き
文部科学省　2011b　キャリア発達にかかわる諸能力の育成に関する調査研究報告書
文部科学省　2018　高等学校学習指導要領（平成 30 年告示）解説 総則編
文部科学省　2019　「キャリア・パスポート」の様式例と指導上の留意事項
文部省　1983　進路指導の手引き――高等学校ホームルーム担任編

第**15**章

進路指導・キャリア教育と生徒指導

第1節　進路指導・キャリア教育と生徒指導のあり方

　学校教育では，社会の形成に参画し，その発展に寄与する力を育成することが極めて重要な課題であるとされている。キャリア教育は，この課題を達成する上での根幹として位置づけられており，国立教育政策研究所生徒指導・進路指導研究センター（2012）は，学校教育で求められる○○教育（例として，情

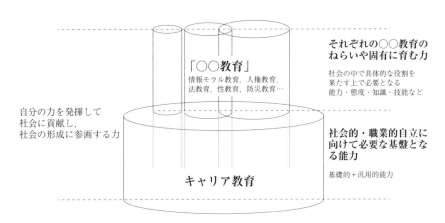

図15-1　キャリア教育と○○教育の関係
（国立教育政策研究所 生徒指導・進路指導研究センター　2012）

報モラル教育や人権教育など）とキャリア教育の関係を図 15-1 のように示している。生徒指導においても，キャリア教育と多くのつながりがあり，それぞれ別個の教育活動として捉えるのではなく，それぞれの教育活動を活かしながら生徒指導とキャリア教育の双方を充実させることが重要である。

1　進路指導・キャリア教育と生徒指導の関係

　生徒指導は，社会のなかで自分らしく生きることができる存在へと児童生徒が成長や発達する過程を支える教育活動である（文部科学省　2011b）。一方，キャリア教育は，一人一人の社会的・職業的自立に向けて必要な基盤となる能力や態度を育てることを通してキャリア発達を促す教育活動である（中央教育審議会，2011）。また，進路指導は，キャリア教育のなかで生徒が自らの生き方を考え，主体的に進路を選択することを目指す。進路指導・キャリア教育は，その名称や定義から，進学や職業生活に必要な能力および態度の育成に限定された教育活動のように感じられるが，児童生徒の社会的自己実現を支えるという点で生徒指導と共通している。生徒指導では，自身の個性を見つけ，よさや可能性を伸ばしていく機能を果たすが，そのなかで個性やよさを活かした将来の夢や進路目標を見つけることもあるだろう。反対に，進路指導・キャリア教育のなかで，これまでの学習や自己の生き方を見通すことや生き方，進路に関する情報を収集・整理し，新たな自分のよさや役割，興味・関心事に気づき，より自分らしい生き方を見いだすこともあるだろう。このように，進路指導・キャリア教育と生徒指導は深い関係にあり，両者の相互作用を理解して一体となった取り組みを行うことが大切である。

2　進路指導・キャリア教育と生徒指導において獲得を目指す能力の相互作用

　文部科学省（2011b）によると，生徒指導では，児童生徒の社会的自己実現を達成するためには，「自己指導能力」を身につけることが重要である。これは，深い自己理解に基づき，主体的に問題や課題を発見し，自己の目標を選

択・設定して，自発的，自律的，かつ他者の主体性を尊重しながら，自らの行動を決断し，実行する力をいう（文部科学省　2011b）。自己指導能力は，進学や社会的・職業的生活への移行においても，主体的な選択・決定を促すことが可能である。一方，進路指導・キャリア教育では，社会的・職業的自立に向けて必要な基盤となる「基礎的・汎用的能力」の育成が課題である。これは，就職の段階で即戦力となる専門的な知識や技能を指すのではない。社会・職業生活に焦点を当てたものであるが，自己理解・自己管理能力や課題対応能力のように，自己指導能力にもつながる能力であるといえる。例えば，生徒指導においては，多様な教育活動を通して，児童生徒が主体的に挑戦することや他者と協働することの重要性を実感することが大切である。主体的に挑戦するためには，課題の発見・分析，計画を立てて解決する課題対応能力が活かされる。ま

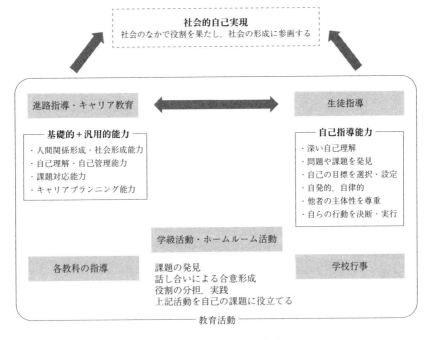

図 15-2　教育活動における基礎的・汎用的能力と自己指導能力の相互作用

た，他者と協働するためには，自身の役割の理解や，自らの思考，感情を律する自己理解・自己管理能力が役立つだろう。主体的に挑戦することや他者との協働によって，社会的な役割を見いだしたり社会の参画・形成に必要なコミュニケーションやチームワークなどの能力を身につけたりと，学校生活と社会・職業生活とが結びつくきっかけになることもある。図15-2のように，学級活動・ホームルーム活動の際も，進路指導・キャリア教育の視点と生徒指導の視点の両視点から社会的自己実現に向けた指導を行っていく必要がある。

第2節　生徒指導の課題対応とキャリア教育・進路指導

　進路指導・キャリア教育と生徒指導は相互に作用しあい，その関係性を理解し活用した指導体制が求められる。では，どのように作用し，どのように活用していくのがよいだろうか。本節では，具体的な生徒指導の課題を例に挙げ，説明する。

1　中途退学

　中途退学は，前向きな進路変更という側面もあるが，学校生活・学業不適応の結果，あるいは，学校での学びは仕事や将来には役に立たないという考えによる選択ということもあるだろう。中途退学により，進路計画の変更を余儀なくされ，希望する進路や職業への選択肢が絶たれてしまう可能性もある。このことから，生徒にとって不本意な中途退学は未然に防ぐこと，中途退学に至った場合にも，追指導を行い，退学後の進路への支援を行うことが求められ，キャリア教育の視点が機能する。

　国立教育政策研究所生徒指導・進路指導研究センター（2013）による「キャリア教育・進路指導に関する総合的実態調査 第二次報告書」では，発達段階に応じたキャリア教育の計画および実施や体験活動およびその指導は，生徒の学習意欲や職業への意識を高めること，学校生活への積極性を高めることが報告されている。また，キャリア・パスポートによって自身の学習状況やキャリ

ア形成を振り返ることは、学習や学校生活への意欲につながり、将来の生き方を考えるきっかけとなる。進路指導・キャリア教育は、学校での学びと社会・職業生活をつなぐ教育活動であり、学習や学校生活の意欲を高め、将来の生き方を意識して学校生活を過ごすことにつながる。結果として、生徒にとって不本意な中途退学を未然に防止することができるだろう。さらに、中途退学者に対しても、関係機関と連携しながら進路指導・キャリア教育が行われる。文部省（1993）は、「高等学校中途退学問題への対応について」を通知し、中途退学後も進路等について相談することができる窓口を学校に設置すること、職業安定所との連携、生徒や保護者に対する転・編入学の制度やその手続等の周知を図ることを求めた。

中途退学の対策として生徒指導とキャリア教育・進路指導の連携が必須であり、生活や学業、進路といったそれぞれの側面で社会的・職業的自立に向けて必要な基盤となる資質・能力を身につけるように働きかけることが求められる。

2 暴力行為や少年非行

児童生徒が暴力行為や少年非行に至ってしまう要因の一つとして、進路の問題がある。進路の悩みが本人のストレスや自棄的な感情につながることや、計画立てた進路へ進学できなかったことで挫折を経験することもある。特に青年期は、進路選択に際して自分がどのような存在であるかといったアイデンティティを模索し、よりどころが見いだせず不安定な状態になった結果、暴力行為や少年非行に至ることもある。進路指導・キャリア教育は、進学や就労に関する知識を得ること、働くことへの意識や学習・学校生活への意欲を高めることだけではなく、自己理解を深める、自己有用感を高めるという効果も期待される。さらに、学校や家庭、地域において、それぞれの人が果たす役割について認識が高まり、自身が果たすべき、あるいは、果たすことができる役割について考える幅が広がる。これは、アイデンティティの模索の手がかりとなり、部活や勉強など打ち込むことを見つけたり、人とのつながりを感じたりと、間接的に暴力行為や少年非行を未然に防ぐことにつながるだろう。また、暴力行為

や少年非行は，背景を考えることや前兆行動を把握することが未然防止，早期発見・早期対応につながるため，教員と児童生徒との関係性が重要とされる。キャリア・パスポートを活用して，児童生徒のこれまでの学習やキャリア形成を把握し児童生徒理解を深めることや，キャリア・カウンセリングを通して児童生徒との関係性の構築，さらには児童生徒の行動や意識の変容につながる「対話」「言葉がけ」を行う。これらは進路指導・キャリア教育の一環であるが，生徒指導としての暴力行為や少年非行の対策にもつながるだろう。

　生徒指導と進路指導・キャリア教育を分けた指導体制では，複合的な問題を抱えた児童生徒へ適切な指導や援助を十分に行うことができない可能性がある。学年・校務分掌を横断した，チーム支援体制を作ることが求められる。

第3節　進路指導・キャリア教育と生徒指導の視点による具体的な取り組み

1　各学校段階における取り組み

　進路指導・キャリア教育は，小学校から高校にかけて体系的に行うことが求められている。学校が担うべき学習活動は増加するなか，進路指導・キャリア教育の充実は教員の負担となるように思われる。しかし，実際には，これまでの教育活動のなかに進路指導・キャリア教育として活かすことができる活動も多い。

（1）小学校

　小学校では人との関わりが集団へと広がり，当番や係を担ったり，友だちと話し合ったりすることで，みんなのために働くことの意義を知り，自分や他者への関心が深まる。進路の探索・選択にかかる基盤形成の時期として，学校生活や社会生活での役割を考える，働くことや学ぶことの意義を理解するなど，社会性，自主性・自律性，関心・意欲などを養うことが求められる（文部科学

省，2022）。

　この実現には，各教科の特質を生かした取り組みが必要である。例えば，図
15-3で示すように，低学年の体育科では表現遊びをキャリア教育や生徒指導
につなげることができる。表現遊びの楽しさに触れる，全身で踊るなど体育科
のねらいに加え，他の人の動きから新たな視点に気づいたり，友だちのよさを
認めたり，助言しあったりと基礎的・汎用的能力や自己指導能力の獲得，向上
につながる。

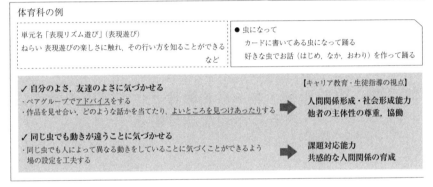

図 15-3　小学校低学年の体育科における取り組み
（文部科学省　2022　一部加筆）

（2）中学校

　中学校では，さらに人間関係が広がり，独立の欲求とともに社会の一員とし
ての役割や責任の自覚が芽生えるようになる（文部科学省　2011b）。自分の人
生や生き方についての関心が高まり，夢や理想を持つ時期である一方で，現実
的な進路の選択を迫られ，自分の意志と責任で決定しなければならない。現実
的探索と暫定的選択の時期として，自らの役割や生き方，働き方について考え
るとともに，目標を立て計画的に取り組む態度の育成が求められる。小学校で
の様々な教育活動によって身につけた能力や態度を土台として，各教科に加え，
職場体験活動や進路相談を通してこれからの生き方について考えていく必要が
ある。

　文部科学省は，キャリア教育の一環として「小・中学校等における起業体験推進事業」を開始した。起業家や企業が行っている活動と自己指導能力を育む「①課題の設定」「②情報の収集」「③整理・分析」「④まとめ，表現」の学習活動は同じサイクルを繰り返しており，起業体験は，現実的なビジネス課題を題材としながら探求的な学習を実践していくことができる（図 15-4）。例えば，職場体験を単なる職業の体験とするのではなく，自分の「会社」の事業に関する体験として，より重要な意味を持ち，興味関心も高まるだろう。また，起業体験 9 つの基本プログラムのうち，ステップ 6 の「生産・製造・仕入れ」では，他者と協働し，計画を実行しようと試行錯誤を繰り返す能力の育成を目指し，計画段階として，いつまでに何をするのか，誰がするのかというスケジュールを話し合い決定し，材料の仕入れ段階では業者に問い合わせや交渉をする。起業体験は，これまでの学習をもとに企画し，自身のよさを生かして他者と協働

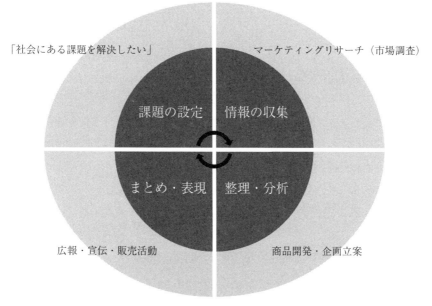

図 15-4　自己指導能力を育む学習活動と起業体験のサイクル
（一般社団法人キャリア教育コーディネーターネットワーク協議会　2022 をもとに筆者が作成）

し，現実的に目標を立て，それを達成するという体験・経験であり，キャリア教育として機能しながらも，生徒指導の視点でも生徒の成長を促すことができる。社会・職業生活の楽しい面だけでなく，トラブルや失敗など困難な面も体験・経験することができ，より現実的に将来の夢やこれからの生き方について考えるきっかけとなるだろう。

（3）高等学校

　高等学校では，小学校・中学校の教育活動で培ってきた能力や態度に加え，個性や能力に応じた教育が求められる（文部科学省　2011a）。また，多様な働き方を選択できるようになった現在においては，キャリアプランニング能力が必要とされ，職場環境や働き方の変化にも柔軟に適応できる力を身につけることが重要になる。離職や失業といった社会で生きるなかでのリスクに直面した場合の対応についても知っておくことは，現実的探索・試行と社会的移行準備の時期である高等学校のキャリア教育として必要となるだろう。

　例えば，図15-5のように，国立教育政策研究所生徒指導・進路指導研究センター（2018）は，雇用問題・労働問題の解決方法について特別活動を通して学ぶ事例を紹介している。実際に生じている現代の雇用問題・労働問題について話し合うことは，社会の形成者として生活の充実と向上のために進んで貢献していこうとする態度や行動を身につけることにつながり，生徒指導の機能も含んでいるといえるだろう。さらに，生徒が訪問したい地域の相談機関を自ら選択し，インタビューに出向き，壁新聞を作成すること，それを発表することは自己存在感の感受など生徒指導の側面を持った体験となる。

　高等学校では，社会的移行準備期として，より社会・職業生活に即した進路指導・キャリア教育が求められる。それだけではなく，働き方や働くことへの考え方が多様化している現在，自分らしく社会に関わっていく方法を模索することも必要となるだろう。

STEP1 学校行事／ ホームルーム活動	現代の雇用問題・労働問題について講話や資料を基に話し合う

STEP2 ホームルーム活動／ 学校行事	(1) 講話を踏まえ，生徒たちが訪問したい地域の相談機関を選び，グループや質問項目を作る（ホームルーム活動） (2) 勤労生産・奉仕的行動と関連づけて実際に相談機関でインタビュー（学校行事）

ハローワーク・ ジョブカフェ	地域若者サポート ステーション	総合労働相談 コーナー
どのくらいの人が 毎年離職するの？	再び仕事に就くには どんな準備が必要？	ブラック企業って 何だろう？

STEP3 学校行事	グループで調べたりインタビューで聞き取ったりしたことについて，壁新聞を作って教室の壁に貼り出し，それを説明する学年発表会を行う

図 15-5　特別活動を通して雇用問題・労働問題の解決方法について知る
（国立教育政策研究所生徒指導・進路指導研究センター　2018 より）

2　キャリア・パスポートを生かした取り組み

　キャリア・パスポートは，児童生徒のこれまでの学習やキャリア形成の記録であり，児童生徒自身の振り返りや意思決定，教員の児童生徒理解や校種間の引き継ぎなどにも活用される。

　国立教育政策研究所生徒指導・進路指導研究センターは，キャリア・パスポートを「自分のよさや可能性の認識」につないでいる島根県の例を挙げている。例えば，保護者にキャリア・パスポートへコメントを記入してもらう機会を設け，家庭でも話題に取り上げてもらえるよう依頼文を発出している学校も

ある。また，別の学校では，キャリア・パスポートは自分自身の成長を確認するツールであると紹介し，キャリア・パスポートを利用したキャリア教育の中で，たくさんの学びを通じて「やりたいこと」「できること」「社会の需要」の重なり合う部分を見つけ，それが仕事につながるか見極める力をつける活動として理解させることに重点を置いている。

キャリア・パスポートは単なる記録ではなく，児童生徒自らが学習を見通し，振り返るとともに将来の展望を図るための記録であり，家族や教師，地域住民が対話的に関わることで，自己有用感や自己の成長を感じられるツールとなる。

3　キャリア・カウンセリングを生かした取り組み

国立教育政策研究所生徒指導・進路指導研究センター（2016）は，個々の発達を踏まえたキャリア教育として，教員が「語る」，児童生徒に「語らせる」，児童生徒に「語り合わせる」働きかけが必要であり，児童生徒が自ら気づくことを促し，主体的に考えさせ，それを成長・発達へとつなげていくことが大切であると示した（図15-6）。

さらに，実際に行われている例として，上述したキャリア・パスポートを活用しキャリア・カウンセリングを行っている中学校を紹介している。これまでは教員が作成した資料をもとに三者面談を行っていたが，生徒自身が記録・蓄積したキャリア・パスポートをもとに行うことで，生徒にとっては自分の記録をもとによさや可能性を認めてもらう機会に，保護者にとっては子どもの成長に直接触れる機会となる。キャリア・カウンセリングは，三者面談や進路相談など特定の場面だけではなく日常的な「対話」「言葉がけ」も含まれる。キャリア・パスポートや日常的に児童生徒が語る内容を活かして，児童生徒のよさや可能性に気づくよう促し，それらを活かした生き方を見いだすような関わりが求められる。

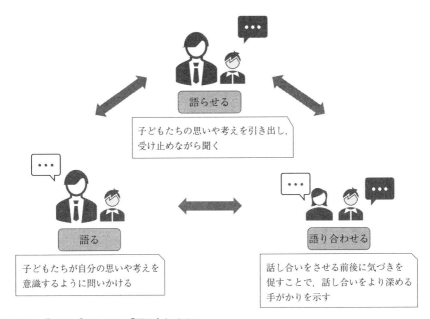

子どもたちの思いや考えを引き出し，
受け止めながら聞く

語る

子どもたちが自分の思いや考えを
意識するように問いかける

語り合わせる

話し合いをさせる前後に気づきを
促すことで，話し合いをより深める
手がかりを示す

図 15-6　「語る」「語らせる」「語り合わせる」
（国立教育政策研究所生徒指導・進路指導研究センター　2016）

▶文献

一般社団法人キャリア教育コーディネーターネットワーク協議会（編）　2022　小・中学校等における企業体験推進事業 児童生徒のキャリア発達を促す企業体験活動 —実践事例集—
国立教育政策研究所生徒指導・進路指導研究センター　2012　キャリア教育をデザインする「今ある教育活動を生かしたキャリア教育」——小・中・高等学校における年間指導計画作成のために
国立教育政策研究所生徒指導・進路指導研究センター　2013　キャリア教育・進路指導に関する総合的実態調査第二次報告書
国立教育政策研究所生徒指導・進路指導研究センター　2016　キャリア教育・進路指導に関する総合的実態調査パンフレット「語る」「語らせる」「語り合わせる」で変える！キャリア教育—個々のキャリア発達を踏まえた"教師"の働きかけ—
国立教育政策研究所生徒指導・進路指導研究センター　2018　キャリア教育リーフレット 2「生徒が直面する将来のリスクに対して学校にできることって何だろう？」
国立教育政策研究所生徒指導・進路指導研究センター　2022　キャリア・パスポート特別編 9「キャリア・パスポートを『キャリア・カウンセリング』につなぐ〜世田谷区・世田谷区立富士中学校・三宿中学校より〜」
国立教育政策研究所生徒指導・進路指導研究センター　2022　キャリア・パスポート特別編 10「キャリ

　　ア・パスポートを『自分のよさや可能性の認識』につなぐ～浜田市立第一中学校，島根県立吉賀高
　　　等学校・浜田高等学校より～」
中央教育審議会　2011　今後の学校におけるキャリア教育・職業教育の在り方について（答申）
文部科学省　2011a　高等学校キャリア教育の手引き　教育出版
文部科学省　2011b　中学校キャリア教育の手引き　教育出版
文部科学省　2022　小学校キャリア教育の手引き　教育出版
文部省　1993　文部時報 1400 号　帝國地方行政學會
山口豊一　2022　学校心理学の理論から創る生徒指導と進路指導・キャリア教育　学文社

索引

「自己指導能力」を育てる生徒指導
一人一人の自己実現を支援する

2023 年 4 月 15 日　初版第 1 刷発行

監修者	松浪健四郎
編著者	齋藤雅英・宇部弘子・市川優一郎・若尾良徳
発行者	宮下基幸
発行所	福村出版株式会社
	〒 113-0034　東京都文京区湯島 2-14-11
	電話　03-5812-9702　FAX　03-5812-9705
	https://www.fukumura.co.jp
装　幀	花本浩一（株式会社麒麟三隻館）
本文組版	朝日メディアインターナショナル株式会社
印　刷	株式会社文化カラー印刷
製　本	協栄製本株式会社

福村出版◆好評図書